Neue Erde – Neuer Mensch
Sei Be(f)reit!

Stephanie Bunk

2. korrigierte Auflage, Januar 2018

Titel: Neue Erde - Neuer Mensch – Sei be(f)reit!
Autorin: Stephanie Bunk

ISBN 978-3-00-052843-9

Buchbestellung unter: www.neue-erde-neuer-mensch.com

Lektorat: Suzan Hahnemann

Umschlaggestaltung: Stephanie Bunk unter Verwendung eines Bildes von http://www.fotolia.de: kevron2001

Layout: Stephanie Bunk

Druck und Bindung: Bookstation GmbH, Anzing
Printed in Germany.

© Stephanie Bunk

E-Mail: siddhazentrum-markdorf@posteo.de

Homepages:
    www.siddhazentrum-markdorf.de
    www.seelenreinigung.org
    www.erde-in-balance.de
    www.new-energy-world.org

Alle Rechte vorbehalten.

Inhaltsverzeichnis

1. Kapitel
Weg der Erkenntnis   1

Reise nach Mexiko	2
Eine entscheidende Begegnung	4
Die Palmblattbibliotheken	4
Agastya Rishi	6
Eine lebensverändernde Entscheidung	7
Reise nach Indien	8
Agastya und Lubamitra treten in mein Leben	9
Rückkehr nach Deutschland	10
Babaji zieht ins Siddhazentrum ein	11
Alle Zweifel werden gelöscht	13
Eine neue Welt wird kommen	14
Zweite Reise nach Indien	16
Die Segnung	17
Die Erde wird sich reinigen	18

2. Kapitel
Die aktuellen Prozesse in der Natur   20

Bewusstsein	20
Seelenbewusstsein vs. Egobewusstsein	22
Der Prozess des Erwachens	24
Bewusstsein und das Individuum	25
Bewusstsein und Erfahrungen nach dem Tod	27
Bewusstsein und das Kollektiv	29

Bewusstsein und Transformation 32
Kosmische Zyklen 36
Kaliyuga 40
Innere und äußere Gegenkräfte im Kaliyuga 45
Satyayuga 47
Übergang vom Kaliyuga ins Satyayuga 49
Bewusstseinsdimensionen 50
Ein Irrglaube 53
Reinigung des Bewusstseins 54
Das Licht im Bewusstsein erhöhen 57
Der Reinigungsprozess der Erde 60
Das Wesentliche im Überblick 61

3. Kapitel
Prophezeiungen für die kommende Zeit   **62**

Wir sind die Gestalter unserer Zukunft 62
Perspektive I: Prophezeiungen von Babaji 65
Perspektive II: Europäische Prophetie 75
   Der Prophetieforscher Stefan Berndt 75
   Alois Irlmaier 77
Perspektive III: Amerikanische Prophetie 81
   Edgar Cayce 81
   Drunvalo Melchizedek 82
Perspektive IV : Aus christlicher Sicht 84
   Bibelverse 84
   Weitere christliche Quellen 91
Perspektive V: Sicht der Hopi-Indianer 95

Perspektive VI: Sicht eines jüdischen Jungen 98
Perspektive VII: Sicht des Nostradamus 99
Perspektive IX: Aus wissenschaftlicher Sicht 102
Das Wesentliche im Überblick 103

4. Kapitel
Heilung der Erde- Die Arbeit der 19 Siddhas 104

Die 19 Siddhas als Teil der kosmischen Einheit 104
Eine große Chance für die Menschheit 105
Segnung und Warnung zugleich 111
Was ist «Maha Poorna Atma Yoga»? 113
New Energy World 115

5. Kapitel
Der neue kosmische Mensch 120

Der bewusste Schöpfer 121
Die Heilung der weiblichen Energie 133
Die Arbeit mit dem inneren Kind 136
Anhaftungslosigkeit und Loslassen 138
Der innere Beobachter 142
Der neutrale Standpunkt 144
Innerer Frieden 148
Bedingungslose Liebe 155
Einheit statt Trennung 160
Im Einklang mit den Naturgesetzen 164
Glücklich sein! 165
Dankbarkeit 166

Gelassenheit	167
Fehler machen und vergeben	168
Reue	175
Spirituelle Gemeinschaft	177
Den eigenen Seelenplan leben	180
Auf die innere Stimme hören	181
Eine individuelle Beziehung zum Göttlichen	184
Wege zum Göttlichen	191
Karma Yoga	192
Gebet	195
Kraft des Namens Gottes	197
Dem Herzen folgen	198
Die Schöpfung achten	201
Kraftorte aufbauen	203
Selbstversorgung	205
Vegetarismus/Veganismus	210
Neue Schule und neue Bildungskonzepte	213
Integratives Medizinsystem	217
Nachsorge für Verstorbene	222

6. Kapitel
Schlusswort — **223**

Literaturverzeichnis — **226**

Am 10.12.2015, nachdem das vorliegende Buch fast fertig geschrieben war, erhielt ich von meinen geistigen Lehrern Agastya Rishi und Lubamitra, über die ich seit Oktober 2013 durch das Jiva Nadi, die Palmblattbibliothek, in Indien geführt werde, die Nachricht, dass diese Arbeit gesegnet wurde und dass sich die Botschaft weltweit verbreiten wird.

Ich möchte ihnen an dieser Stelle aus tiefstem Herzen für ihre wundervolle Führung und die große Liebe mit der sie mein Leben und das vieler anderer Menschen segnen, danken. Ihnen ist dieses Buch gewidmet.

Aus welcher spirituellen oder religiösen Tradition jemand kommt ist nicht wichtig für dieses Buch. Die Botschaft ist universell. Mögen sich das göttliche Licht, Frieden und bedingungslose Liebe auf der ganzen Erde verbreiten.

1. Kapitel
Weg der Erkenntnis

Meine innere Reise begann 2009 mit einem Gebet, in dem ich mich entschied, mein Leben in Gottes Hände zu geben und fortan im Einklang mit seinem Willen zu leben. Ich konnte zu diesem Zeitpunkt nicht im Entferntesten erahnen, welche Auswirkungen dieses Gebet in den folgenden Jahren auf mein Leben haben würde und welche Wunder sich entfalten würden. Es war der Anfang einer intensiven inneren Reise. Mein Name ist Stephanie Bunk. Ich wurde 1982 in Höxter in Nordrhein-Westfalen geboren. Ich habe Rehabilitationspsychologie an der Fachhochschule Magdeburg-Stendal in Stendal studiert und vier Jahre lang als Familienberaterin bei der Caritas im Allgäu gearbeitet. Warum ich einen Teil meiner Biografie an diese Stelle setze, hat keine selbstdarstellerische Motivation. Es soll dem Leser lediglich helfen nachzuvollziehen, dass die Erkenntnisse dieser Arbeit nicht vom Himmel gefallen, sondern das Ergebnis eines dreijährigen intensiven Erkenntnisprozesses sind. Dieser wurde mir schrittweise durch die Führung meiner geistigen Lehrer Agastya Rishi und Lubamitra offenbart.

STEPHANIE BUNK

Reise nach Mexiko

2011 reiste ich mit einer Gruppe zum ersten Mal für drei Wochen nach Mexiko. Wir waren dort, um die Brücke zwischen den spirituellen mexikanischen Traditionen und Europa zu stärken. Während dieser Zeit begann sich mein Leben schlagartig und grundlegend zu verändern. Als ich in Mexiko war, spürte ich bereits, dass ich wiederkommen würde. Durch klare innere Bilder sah ich, welche Orte auf mich warteten. Nach diesen intensiven Wochen kehrte ich nach Deutschland zurück und ließ in den kommenden Monaten meinen alten Lebensweg los.

2012 kehrte ich nach Mexiko zurück. Diesmal für ein Jahr. Von Anfang an wusste ich, dass es eine aus dem Inneren geführte Reise sein würde. So überließ ich mich der göttlichen Führung und reiste, indem ich den inneren Impulsen folgte. Alle Menschen, denen ich in dieser Zeit begegnete, alle Orte, die ich besuchte, waren wie ein großes Zusammengeführtwerden einer unsichtbaren Kraft, die das Geschehen, wie in einem Orchester, auf perfekte und harmonische Weise dirigierte. Manchmal konnte ich selbst nicht glauben, was geschah.

In dieser segensreichen Zeit durfte ich an Zeremonien der Azteken und Maya teilnehmen und den aztekischen Tanz in Mexico City erlernen. Ich reiste nach Guatemala, besuchte ein längeres Yoga-Retreat im Süden von Mexiko und lebte drei Monate mit den Hare Krishnas. Alle diese Erfahrungen waren Teil einer Schulung und Vorbereitung auf das, was in meinem Leben noch folgen sollte. Das verstand ich erst im Nachhinein.

In den letzten Tagen meiner Reise, am 21.12.2012, wurde ich zu einer Zusammenkunft geführt. Schamanen und Heiler aus ganz Nord- und Südamerika versammelten sich in Cantona, einer sehr alten Pyramidenstadt in Mexiko. Die ganze Nacht über saß ich mit Menschen aus verschiedenen Nationen und den Ältesten verschiedener Traditionen zusammen um das heilige Feuer. Die Ältesten sprachen über eine kommende neue Welt.

Am Morgen bei Sonnenaufgang gingen wir gemeinsam zu den Pyramiden hinauf, um in einer wunderschönen Zeremonie die neue Zeitqualität zu begrüßen. Zu diesem Zeitpunkt spürte ich zum ersten Mal intensiv, dass mit der Welt etwas sehr Besonderes geschieht. Während dieser Zeremonie öffnete sich in mir plötzlich ein Wahrnehmungstor und ich konnte etwas spüren, dass ich noch nie zuvor gefühlt hatte. Dieses intensive Gefühl war eine Mischung aus reiner Liebe, Glückseligkeit, Eins–Sein, Licht, Frieden und Harmonie. Nach etwa zwei Stunden schloss sich das Wahrnehmungstor wieder. Zurück blieb eine tiefe, ungekannte Sehnsucht. Ich konnte meine Erfahrung zum damaligen Zeitpunkt noch nicht einordnen. Mir wurde erst drei Jahre später bewusst, dass ich die neue Zeitqualität spüren und erfahren durfte.

Im Februar 2013 kehrte ich aus Mexiko zurück. Ich baute mein Leben am Bodensee wieder auf. Ich zog in eine tolle Gemeinschaft, bekam einen Job in einer Klinik und unterrichtete an verschiedenen Orten Yoga. Alles war so, wie ich es mir immer gewünscht hatte. Doch ein Teil in mir wusste seit meiner Rückkehr aus Mexiko, dass meine Zeit in Deutschland nur von kurzer Dauer sein würde.

Eine entscheidende Begegnung

Im Juni 2013 ging ich zu einem Vortrag und traf dort zum ersten Mal Sriraman. Sriraman kommt aus Indien und wird seit seinem 25. Lebensjahr von Agastya Rishi durch die Palmblattbibliothek (Jiva Nadi) in Indien geführt.

Die Palmblattbibliotheken

Die Palmblattbibliotheken wurden vor ca. 7000 Jahren von den «Sapta Rishis», den sieben großen Sehern, begründet. Sie gelten als direkte Schüler von Shiva. In den ältesten indischen Schriften werden u. a. Agastya, Bhrigu, Athri und Vashishta zu den Sapta Rishis gezählt. Ein «Rishi» ist ein «Seher», der in der Lage ist, absolutes Wissen direkt aus der göttlichen Quelle zu empfangen und es auf unverfälschte Weise weiterzugeben. Absolutes Wissen zeichnet sich dadurch aus, dass es universelle Gültigkeit hat und zeitlos ist.

Insgesamt soll es über ganz Indien verteilt zwölf Palmblattbibliotheken geben, daneben auch noch einige auf Sri Lanka und Bali. Hinzu kommen viele Privathaushalte, die einzelne Palmblätter aufbewahren. Die Palmblattbibliotheken beinhalten eine große Sammlung von Palmblättern, die teilweise vor mehreren Hundert Jahren durch

Rishis beschrieben wurden. Sie wurden u. a. in den altindischen Sprachen «Tamil», «Sanskrit» und «Telugu» verfasst. Sie beschreiben die Seelenreise von Millionen von heute lebenden Menschen sowie die ursprüngliche Menschheitsgeschichte. Die Informationen stammen aus der Akasha Chronik, einer feinstofflichen Bibliothek, in der die Gedanken, Worte und Taten aller Menschen gespeichert sind.

Das Ziel der Palmblattbibliotheken ist, denjenigen Menschen, die sie im Laufe eines Lebens besuchen, Begleitung und Führung auf ihrer Seelenreise zu geben. In einem seriösen Nadi-Reading (Lesung) erhält eine Person, für die die Palmblätter gelesen werden, beeindruckend genaue Informationen über ihre vergangenen Leben und wie sich das, was sie in der Vergangenheit kreiert hat, auf das jetzige Leben auswirkt. Zudem werden ihr Hilfsmittel genannt, mit denen sie innere Ungleichgewichte ausbalancieren kann, um der Zukunft eine harmonische und glückliche Richtung zu geben.

Bei den Palmblattbibliotheken muss man zwischen zwei verschiedenen Formen unterscheiden: dem «Nadi Shastra» und dem «Jiva Nadi». Das Nadi Shastra ist vergleichbar mit Büchern, die in einem Regal aufbewahrt werden und dort geduldig auf ihren Empfänger warten. Sie wurden bereits vor mehreren Jahrzehnten bzw. Jahrhunderten geschrieben. Das Jiva Nadi («Jiva» bedeutet «lebendig») ist hingegen eine Art Online- Verbindung. Verschiedene spirituelle Meister wie z. B. Agastya Rishi führen verschiedene Personen direkt von der feinstofflichen Welt aus. Die Nachrichten gehen in der Jetzt-Zeit ein und reagieren auf die aktuelle Lebenssituation der geführten Person. Sie werden entweder von einem Nadi-Reader empfangen oder erscheinen auf Palmblättern, die sich selbst beschreiben. Die Informationen werden dann durch den Palmblattleser an die betreffende Person über das Telefon oder in einem persönlichen Kontakt übermittelt.

AGASTYA RISHI

Agastya Rishi ist einer der Begründer der Palmblattbibliotheken in Indien und der erste Siddha in der Tradition der 19 Siddhas. Der 19. Siddha ist Sri la Sri Mahananda Siddha. Er lebt etwa drei Autostunden von Bangalore in der Nähe von Vellor. Er erbaut dort seit 2008 einen großen Tempel, der in naher Zukunft für die Menschheit und die Erde von großer Bedeutung sein wird.

Die Tradition der 19 Siddhas stammt aus Tamil Nadu in Süd-Indien. Tamil Nadu war Bestandteil des alten «Kumari Kandam» (Lemurien). Kumari Kandam war ein großes Land im indischen Ozean, das vor mehreren tausend Jahren existierte und eines Tages im Meer versank. Mensch und Erde lebten damals über viele Jahrtausende in ihrem ursprünglichen natürlichen Zustand und im Einklang mit der Natur.

Agastya war u. a. ein Yogi, ein Alchemist sowie ein großer Lehrer der ayurvedischen Medizin und der vedischen Astrologie. Zu Lebzeiten auf der Erde war er mit Lubamitra verheiratet. Beide wirken und führen derzeit von den unsichtbaren geistigen Ebenen aus.

Sriraman ist einer der engsten Schüler von Agastya. Er wird seit seinem 25. Lebensjahr über das Jiva Nadi von Agastya Rishi geführt.

Nach einer intensiven Zeit von zwei Jahren, in denen er unter der Führung von Agastya durch ganz Indien reiste und im Auftrag von Agastya viele Aufgaben erfüllte, erhielt er von Agastya den Segen, dass, wann immer er Menschen berät, Agastya in seinem Bewusstsein steht und die jeweilige Person durch ihn führt. Seit diesem Zeitpunkt sieht Sriraman, wenn er den Namen und das Geburtsdatum einer Person erfährt, welches Potenzial die Seele eines Menschen in sich trägt, welche inneren Ungleichgewichte sie davon abhalten, diese Kräfte kontinuierlich und dauerhaft zum Ausdruck zu bringen, und was ihr hilft, ihr energetisches Gleichgewicht wiederherzustellen. Wer mehr über die 19 Siddhas und die Arbeit von Sriraman erfahren möchte, erhält in der Broschüre: «Die 19 Siddhas und Sriraman» ausführliche Informationen.

EINE LEBENSVERÄNDERNDE ENTSCHEIDUNG

Als ich Sriraman das erste Mal in diesem Vortrag begegnete, war in mir ein völlig undefinierbares Gefühl des Berührtseins, das tief aus meiner Seele kam. Ich fühlte an diesem Tag zum ersten Mal intensiv, dass ich meinen geistigen Lehrern begegnet war. Zwei Tage später traf ich Sriraman in einer Konsultation wieder. Durch die Informationen, die ich ihn der Konsultation erhielt, geschah es, dass sich mein Leben innerhalb kürzester Zeit erneut komplett veränderte. Er sagte zu mir, dass ich für etwas bereit sei, dass ich zu diesem Zeitpunkt noch nicht verstand, und empfahl mir, dass ich nach Indien kommen solle, weil dort etwas auf mich warten würde.

Ehrlich gesagt war ich über diese Nachricht zunächst nicht erfreut. Ich hatte zum damaligen Zeitpunkt andere Zukunftspläne. Um ganz auf mich und mein Inneres hören zu können, schottete ich mich deshalb für mehrere Tage von allen äußeren Einflüssen ab und zog mich zur inneren Klausur zurück. So sehr ich mich auch prüfte, kam ich in meinem Inneren immer wieder an den Punkt, an dem ich deutlich und klar spürte, dass es mein Weg war nach Indien zu gehen. Schließlich, nach längerem Hadern entschied ich mich zu gehen. Nach mittlerweile drei Umzügen in einem Jahr ließ ich noch einmal alles los und reiste nach Indien.

REISE NACH INDIEN

Als ich im August 2013 Sri La Sri Mahananda Siddha, den 19. Siddha, persönlich traf, war in mir ein unbeschreibliches Gefühl. Es war, als würde ich das höchste Göttliche persönlich treffen. Zudem fühlte ich, dass die Begegnung mit Sri la Sri Mahananda Siddha der Grund für mein äußerst bewegtes Leben in den letzten zwei Jahren gewesen war und mein ganzer vorheriger Weg der Vorbereitung diente.

Die Zeit in Indien war für mich voller Segen und Herausforderungen zugleich. Ich hatte immer wieder Zweifel, ob meine Entscheidung, nach Indien zu gehen, die Richtige gewesen war.

Im September 2013 erhielt Sriraman von Agastya Rishi über das Jiva Nadi den Auftrag, mit mir zu einem bestimmten Tempel zu fahren. Dort entzündete ich vor den Sapta Rishis eine Lichterpyramide. Bevor ich damit begann, betete ich inständig zu Gott. Ich bat ihn um ein Zeichen, das mir klar zeigen sollte, ob ich auf dem richtigen Weg wäre und ob das, was ich erlebte, wirklich für meinen Weg angedacht sei. Nachdem alle Lichter angezündet waren, durchfuhr plötzlich ein helles Licht meinen Körper. Ich konnte für eine kurze Zeit weder sehen noch hören. Ein lautes inneres Rauschen und starke Energie durchströmten mich und ich fiel zu Boden. Der Priester des Tempels deutete diesen Vorfall als ein gutes Zeichen.

Das Ereignis war so intensiv, dass die Zweifel, die ich bis zu diesem Zeitpunkt gehabt hatte, sich aufzulösen begannen. Auch wenn mich die Erfahrung zunächst stark irritierte, so wusste ich im Nachhinein, dass der Impuls so intensiv hatte sein müssen, damit ich zu glauben begann.

AGASTYA UND LUBAMITRA TRETEN IN MEIN LEBEN

Im Oktober 2013 erhielt ich die ersten Nachrichten von Agastya und Lubamitra aus der Palmblattbibliothek. Sie teilten mir mit, dass sie wünschten, durch Sriraman meine spirituellen Lehrer zu sein. Ich wusste zu diesem Zeitpunkt nicht wirklich, was ein Siddha, geschweige denn wer Agastya und Lubamitra waren. Das Wissen darüber kam erst viel später. Als mich jedoch die Nachricht der beiden erreichte, fühlte ich mich wie ein Kind, das nach einer langen Zeit des inneren freien Falls sanft in den Händen des Göttlichen gelandet war. Die unsichtbare Führung, die ich schon in Mexiko erhalten und wahrgenommen hatte, war keine Einbildung, sondern real gewesen und bekam einen Namen.

Seit diesem Zeitpunkt wird mein Weg durch Agastya Rishi und Lubamitra von den geistigen feinstofflichen Welten aus geführt. Zum einen führen sie mich durch schriftliche Nachrichten, die im Jiva Nadi eingehen und zum anderen durch innere Eingebungen.

Während meiner Zeit in Indien erhielt ich von ihnen viele Aufgaben, die ich zu erfüllen hatte. Unter anderem bekam ich im Oktober 2013 den Auftrag für NEW ENERGY WORLD zu arbeiten. Über die Bedeutung von NEW ENERGY WORLD für die Erde und die Menschen werde ich an späterer Stelle des Buches noch ausführlich berichten.

RÜCKKEHR NACH DEUTSCHLAND

Im Februar 2014 kam ich zurück nach Deutschland und eröffnete im Mai desselben Jahres das «Yoga- und Siddhazentrum ZEITWANDEL» in Markdorf. Die erste Zeit in Deutschland war für mich die vielleicht herausforderndste Zeit meines Lebens. Ich war in die alte Lebenswelt zurückgekehrt, in der ich mit diesen unglaublich erscheinenden Erfahrungen meinen Platz erst neu finden musste. Zudem war ich voller Fragen, auf die ich erst viel später eine Antwort erhalten sollte. Manchmal erwachte ich am Morgen und mir erschien all das, was ich erlebt hatte, wie ein einziger großer Traum.

BABAJI ZIEHT INS SIDDHAZENTRUM EIN

Im März 2014, bevor ich das Yoga- und Siddhazentrum eröffnete, besuchte ich einen Freund. Ich war schon vorher einige Male bei ihm zu Besuch gewesen. Doch erst an diesem Tag nahm ich auf besondere Weise ein Bild von Haidakhan Babaji wahr, das auf einem Altar in seiner Wohnung stand.

Haidakhan Babaji gilt als eine Vollinkarnation Shivas. Er lebte und lehrte in Haidakhan in Nordindien und hat am 14. Februar 1984 seinen Körper verlassen. Shiva ist einer der vielen Namen für das universelle göttliche Bewusstsein, das sich zu verschiedenen Zeiten auf der Erde inkarniert. Es kann, wenn es will, jede beliebige körperliche Form annehmen, ohne durch den Prozess der Geburt und des Sterbens gehen zu müssen.

Bevor ich von Haidakhan Babaji das erste Mal erfuhr, hörte ich zunächst durch Sriraman von Babaji Nagaraj. Wie ich später erfuhr, soll Babaji Nagaraj eine frühere Inkarnation von Haidakhan Babaji gewesen sein. Babaji Nagaraj ist Sriraman vor mehreren Jahren erschienen. Fünf Tage lang lief er Tag und Nacht segnend durch seine Wohnräume.

Sriraman war von seiner Erscheinung damals so ergriffen, dass er sich nicht einmal traute, sein Haus zu verlassen. Einmal in diesen fünf Tagen schaute Babaji Nagaraj Sriraman tief in die Augen. Zum damaligen Zeitpunkt wusste Sriraman nicht, wer ihm erschienen war. Erst einige Monate später sah er zufällig einen Film und erkannte Babaji.

Am besagten Tag des Besuches bei diesem Freund geschah etwas Außergewöhnliches. Ich sprach ihn auf das Bild von Haidakhan Babaji an, woraufhin er mir von ihm erzählte. Als er zwischendurch kurz den Raum verlassen musste, drückte er mir ein CD-Cover in die Hand, auf dem Babaji abgebildet war. Als ich es betrachtete, begann das Bild plötzlich innerlich mit mir zu sprechen und teilte mir mit, dass es mit ins Zentrum kommen wolle. Das Ereignis irritierte mich zunächst. Ich bat diesen Freund aber um eine Kopie des Bildes. In dem Moment, als er sie mir gab, durchströmte plötzlich eine starke Segensenergie den Raum. Ich dachte zunächst, dass nur ich sie spüren würde. Doch als wir unsere Gesichter zueinander drehten, standen auch ihm Tränen in den Augen. Wir hatten es beide gespürt.

Das Bild zog so schon zu Beginn der Zentrumseröffnung mit ins Yoga- und Siddhazentrum ein. Es zeigte mir, wo es hängen wollte. Seit jeher hat es seinen Platz an dieser Stelle. Das ganze Jahr über betrachtete ich das Bild immer wieder und überlegte, wie die Verbindung der 19 Siddhas mit Babaji sei.

ALLE ZWEIFEL WERDEN GELÖSCHT

Im September 2014 erhielt ich von Agastya die Nachricht, dass meine Zweifel in den kommenden Monaten gelöscht werden würden. Ich hatte bis zu diesem Zeitpunkt immer wieder Phasen, in denen ich stark anzweifelte, ob die Erfahrungen, die ich machte, real und richtig waren. Zeitweise konnte ein Teil in mir nur schwer glauben, was in meinem Leben geschah. Einerseits erschienen mir die Erfahrungen natürlich, andererseits aber auch befremdlich. Eins ihrer auffallenderen Merkmale war jedoch, dass sie ab einem bestimmten Punkt meines Weges plötzlich Sinn ergaben und wichtig waren, um den größeren Zusammenhang auf tieferer Ebene zu verstehen.

Im Dezember 2014 leitete ich im Zentrum einen Satsang. Am Ende der Veranstaltung kam ein Freund auf mich zu. Er teilte mir mit, dass in der Nähe von Markdorf am kommenden Sonntag ein Treffen stattfinden würde, dass dem Satsang im Zentrum ähneln würde. Er fragte mich, ob ich Lust hätte mitzukommen. In der Meditation erhielt ich die Aufforderung zu diesem Treffen zu fahren. So fuhr ich hin.

Als ich dort ankam, trat ich in ein wunderschönes Haus ein. Ich hatte das Gefühl, einen Tempel zu betreten. Von der spürbar heiligen Atmosphäre des Hauses war ich tief berührt. Die Besitzerin des Hauses und Verwalterin des Platzes ist eine direkte Schülerin von Haidakhan Babaji, die er, wie andere Schüler, durch Visionen zu sich nach

Haidakhan gerufen hatte. An diesem Tag machten wir zu Ehren Shivas eine Zeremonie. Erst bei diesem Treffen hörte ich nach langer Zeit wieder davon, dass die Erde und die Menschheit bald in ein «Goldenes Zeitalter» eintreten würden.

EINE NEUE WELT WIRD KOMMEN

In der ersten Januarwoche 2015 wurde ich von Agastya und Lubamitra durch einen tiefen Erkenntnisprozess geführt, der sechs Tage dauerte. Sämtliche Informationen, die ich über das letzte Jahr erhalten hatte, fügten sich in diesem Prozess zu einem immer größer werdenden Bild zusammen. In diesen Tagen verlor ich völlig mein Zeitgefühl. Unter dem Eindruck meiner bisherigen Erfahrungen begann ich zu realisieren, dass diese neue Welt wirklich kommen würde.

Aus diesem sechstägigen Prozess ging eine innere Stimme in Form eines Satzes in mir hervor, der sich mir aufdrängte und der mich nach diesen Tagen nicht mehr verließ. Dieser Satz lautete: «Oh meine Brüder und Schwestern, es bleibt nicht mehr viel Zeit!» Seine Bedeutung sollte ich erst später verstehen und einordnen können. Mit dieser inneren Stimme war ein intensives und mich ständig aufforderndes Gefühl verbunden, die Arbeit mit großer Schnelligkeit voranzubringen. Dies war später auch eine sich ständig wiederholende Nachricht, die ich über das folgende Jahr verteilt von Agastya und Lubamitra durch die Palmblattbibliothek erhielt: «Arbeite!»

Nach diesen Erkenntnissen hielt ich einen Vortrag im Yoga- und Siddhazentrum, um sie zu teilen. Insgesamt kamen 28 Personen. Für das kleine Yoga- und Siddhazentrum, in dem maximal neun Personen Yoga praktizieren können, war das eine beachtliche Zahl und blieb bisher einmalig.

Am darauffolgenden Tag erwartete ich den Besuch einer Freundin. Sie hatte am Abend zuvor nicht zum Vortrag kommen können und so entschied ich, ihn noch einmal für sie persönlich zu halten. Bevor ich begann, kamen wir ins Gespräch. Ohne dass ich ihr zuvor etwas von dem Inhalt des Vortrags erzählt hätte, teilte sie mir von sich aus mit, dass sie regelmäßig die Homepage eines russischen Professors verfolge, der Botschaften von der göttlichen Quelle bezüglich der aktuellen Prozesse in der Natur empfange und diese Informationen auf seiner Homepage veröffentliche. Dieser Professor würde behaupten, dass eine neue Welt kommen würde. Meine Freundin erzählte mir nur in anderen Worten formuliert, was die Essenz meines Vortrags war.

Es war faszinierend. Wir beide hatten Zweifel, ob die Informationen, die sie durch ihre Quelle und die ich durch meinen Prozess empfangen hatte, wirklich stimmten. Nachdem ich ihr den Vortrag vorgetragen hatte, waren wir beide von den Überschneidungen beeindruckt.

Das ausschlaggebende Ereignis, dafür, dass sich die inneren Zweifel letztendlich auflösten, war die Begegnung mit dem Leiter eines Yogazentrums in Deutschland. Ich spürte schon längere Zeit einen starken inneren Impuls, mich mit ihm zu treffen. Es war April 2015, als ich entschied, zu ihm zu fahren. Nachdem ich die Entscheidung getroffen hatte, fügte sich innerhalb kürzester Zeit alles wie von selbst. Ich bekam eine Mitfahrgelegenheit und konnte meine Zentrumsaktivitäten mühelos umorganisieren. Vorab versuchte ich, einen Termin bei ihm zu bekommen, was jedoch nicht möglich war. Ich machte mich deshalb im Vertrauen auf den Weg, dass, wenn es der Wunsch des Göttlichen wäre, dass wir uns treffen, es geschehen werde.

Als ich dort war, nahm er sich am nächsten Morgen ein paar Minuten für ein gemeinsames Gespräch, wofür ich dankbar war. In diesem Gespräch tauschten wir unsere Erfahrungen aus. Durch seinen spirituellen Meister hatte er ebenfalls erfahren, dass eine neue Welt kommen werde.

Zweite Reise nach Indien

Im August 2015 fuhr ich ein weiteres Mal für vier Wochen nach Indien. In dieser Zeit fügten sich weitere Puzzleteile in das Gesamtbild ein. In Indien erfuhr ich, dass laut Aussagen von Sri la Sri Mahananda Siddha, dem 19. Siddha, der Tempel einer der wichtigsten Orte der neuen Welt werden wird. Zudem bekam ich mit, dass Agastya in einer Nachricht an Sriraman mitteilen ließ, dass Sri La Sri Mahananda Siddha Shiva höchstpersönlich sei.

DER TEMPEL IN MAHADEVAMALAI

DIE SEGNUNG

Im Juli 2015 kam von Agastya Rishi eine Nachricht über die Palmblattbibliothek, dass, eine bestimmte Anzahl von Personen autorisiert wird, Menschen in «Maha Poorna Atma Yoga» zu initiieren. Maha Poorna Atma Yoga heißt übersetzt «Große Reinigung der Seele». Es ist eine einfache Praktik, die das Unterbewusstsein von destruktiven Reaktionsweisen und Emotionen (Samskaras) reinigt und dadurch den kontinuierlichen Zugang zum inneren Wissen der Seele ermöglicht. Zu den destruktiven Reaktionsweisen und Gefühlen zählen z.B. Ängste, Neid, Wut, Eifersucht, Scham, Schuld, etc.

Sriraman erhielt zudem die Nachricht, dass, wenn die Seele einmal initiiert wurde, die Reinigungsfrequenz von Maha Poorna Atma Yoga über mehrere Leben aktiviert bleibt. Außerdem wird durch das Praktizieren der Praktik das Licht im Kollektivbewusstsein stark erhöht. Warum dies von so großer Bedeutung ist, wird im Laufe des Buches deutlich werden. Am 19.08.2015, während meines Aufenthalts in Indien, erhielt ich von Agastya die Autorisierung, die Menschen in Maha Poorna Atma Yoga initiieren zu dürfen.

DIE ERDE WIRD SICH REINIGEN

Nachdem ich die Segnung erhalten hatte, begann ich mich tiefer mit der Frage auseinanderzusetzen, warum Maha Poorna Atma Yoga zum jetzigen Zeitpunkt zu den Menschen kommt. Ich fühlte und ahnte bereits, dass der Erde etwas Gigantisches bevorstehen müsse, konnte es aber nicht greifen. Meine innere Fragestellung führte mich im September 2015 in einen weiteren Erkenntnisprozess. Ich hoffte, eine Antwort zu finden, und begann zu recherchieren. In diesen Tagen fand ich heraus, dass mehrere, voneinander unabhängige Quellen übereinstimmend von einem «Reinigungsprozess der Erde» sprachen, der mit großen geografischen Umwälzungen verbunden sein könnte und der das neue Zeitalter einleiten würde. Ich bat Sriraman daraufhin Sri La Sri Mahananda Siddha zu fragen, ob dieser Reinigungsprozess wirklich kommen würde. Sriraman entgegnete mir, dass er dies bereits mehrfach angekündigt habe.

Mit dieser Information begannen die Zusammenhänge plötzlich für mich klar und das Bild vollständig zu werden. Ich verstand plötzlich den inneren Satz, der mich seit Januar 2015 nicht mehr losließ. «Oh meine Brüder und

Schwestern, es bleibt nicht mehr viel Zeit!» Zudem wurde mir mit einem Schlag die herausragende Bedeutung der Arbeit der 19 Siddhas bewusst. Ich verstand in diesem Zusammenhang die Wichtigkeit von Maha Poorna Atma Yoga und NEW ENERGY WORLD, Agastyas Arbeit durch Sriraman und die Bedeutung des Tempels, den Sri La Sri Mahananda Siddha erbaut.

Mögen alle Menschen JETZT erwachen, sich engagieren und für das Wohl der Erde und der Menschheit gemeinsam und selbstlos wirken. Die Zeit, einen Wandel einzuleiten und größere Herausforderungen abzuwenden, ist begrenzt. Möge dieses Buch die Menschen erwecken und allen dabei als Quelle der Inspiration dienen. **OM SHANTI!**

2. Kapitel
Die aktuellen Prozesse in der Natur

Nahezu alle spirituellen Traditionen und Religionen weltweit, aber auch zahlreiche geistig offene Menschen wissen, dass die Erde und die Menschheit in ein neues Zeitalter eingehen werden und dafür vorbereitend, einen großen Transformationsprozess durchlaufen müssen. Dieser Prozess wird sich voraussichtlich auf ein Höhepunktereignis hin immer weiter beschleunigen. Um ein Verständnis dafür zu bekommen, was aktuell in der Natur geschieht, ist es zunächst wichtig, ein Hintergrundwissen zu geben.

BEWUSSTSEIN

Jeder Mensch und jedes Lebewesen ist von einem Energiefeld umgeben, das seine gesamte energetische Prägung beinhaltet. Diese Prägung hat er vorgeburtlich selbst bestimmt und mit der Geburt in das gegenwärtige Leben gebracht. In seinem Energiefeld sind sämtliche Informationen über ihn gespeichert: mentale und emotionale Stärken und Schwächen, Lebensaufgaben, Karma, Vitalität, das seelische Potenzial etc. All diese Aspekte des Bewusstseins sind miteinander verknüpft und stehen in Wechselwirkung zueinander. Zusammen kreieren sie die Art des Bewusstseins und die Realität, mit der der Mensch auf sich selbst und die Welt blickt. Durch Erfahrungen, die der Mensch im Laufe seines Lebens macht, verändern sich seine Bewusstseinsinhalte und damit auch seine energetische Prägung.

Unser Bewusstsein erzeugt ein kraftvolles Energiefeld, das mit einer Rundfunksendestation vergleichbar ist. Wir senden kontinuierlich Informationen als Energiefrequenzen an unsere Umwelt aus und empfangen eben solche von anderen Lebewesen. Der Informationsaustausch findet innerhalb von Millisekunden und auf nonverbaler energetischer Ebene statt.

Menschen, die empathisch sind und deren Bewusstsein gegenwärtig ist, können die nonverbalen Informationen unmittelbar spüren und richtig entschlüsseln. Generell lässt sich sagen: Je feinstofflicher das Bewusstsein eines Menschen und je geschulter er ist, desto klarer und differenzierter kann er den energetischen Informationsaustausch wahrnehmen und deuten. Je grobstofflicher das Bewusstsein eines Menschen und je ungeschulter er ist, desto unklarer und undifferenzierter nimmt er die eingehenden und ausgesendeten Informationen wahr.

Das Energiefeld spricht immer die Wahrheit, egal ob wir uns seiner Inhalte bewusst sind oder nicht. Je mehr wir mit unserer Seele verbunden sind, lernen wir, dass in uns Wahre vom Unwahren zu unterscheiden.

Seelenbewusstsein vs. Egobewusstsein

Was ist Seele? Die Seele ist unser wahres, authentisches Selbst oder besser ausgedrückt das unkonditionierte Selbst des Menschen. Sie ist der Ort, an dem der Mensch gegenwärtig, schöpferisch sowie frei von Prägungen und Mustern ist. Erfahrungen der Seele sind verbunden mit bedingungsloser Liebe, Präsenz, Neutralität, reinem Bewusstsein, Universalität, Selbstlosigkeit, Harmonie, Gottverbundenheit, Kreativität, innerem Frieden und reiner Information. Dieses Bewusstsein wird «Seelenbewusstsein» genannt, das gleichzusetzen ist mit «spirituellem Bewusstsein».

Über die Seele sind wir an ein universelles Bewusstseinsfeld angeschlossen, das alles Leben durchdringt und miteinander verbindet. Die Seele ermöglicht es uns, potenziell mit allen Lebewesen in der Natur über unsere Intuition zu kommunizieren. Dies beinhaltet u. a. Pflanzen, Bäume, Steine, Tiere und feinstoffliche Wesenheiten. Der Grad der Reinheit unseres Bewusstseins bestimmt, ob und wie wir Informationen der göttlichen Natur empfangen.

In den konsumorientierten Gesellschaften leben die Menschen vorwiegend aus dem Egobewusstsein. Die Wenigsten sind mit ihrer Seele verbunden. Deshalb nehmen viele Menschen das Licht und Wissen der Seele auch nur bedingt bis gar nicht wahr.

Das Ego ist kurz gesagt, ein falsches und begrenztes Selbstbild, das der Mensch von sich selbst kreiert. Es existiert aufgrund von Unwissenheit über die göttliche Ur-Natur. Der Mensch identifiziert sich mit Charaktermerkmalen, Vorstellungen, Erwartungen, Gedanken und Gefühlen des Egos und glaubt fälschlicherweise, diese entsprächen seinem wahren Wesen. Daraus resultiert ein falsches «Ich bin», das sich wie ein Schleier um die Seele legt. Dieser Schleier ist verantwortlich dafür, dass der Zugang zum natürlichen Wissen der Seele blockiert ist. Im Menschen entsteht eine Art selbstzentrierte Parallelrealität, die eine begrenzte Wirklichkeit formt. Je nach Ausprägung des Egos ist dieser Schleier mehr oder weniger stark verdichtet und die Wahrnehmung verzerrt. Jedes Mal, wenn unsere Handlungen selbstbezogene und egoistische Motive aufweisen, handeln wir gegen die Harmonie des Universums und verstärken diesen Schleier.

Aktuell befinden sich viele Menschen in einer Art Tiefschlaf und erinnern sich nicht ihres göttlichen Ursprungs. Es gibt viele Menschen, die nicht einmal an die Existenz ihrer Seele glauben und damit auch nicht an ihre eigene Göttlichkeit. Innere Impulse und spirituelle Erfahrungen, die der Seele entspringen, halten sie für Spinnerei. Der unbewusste Mensch weiß nicht, dass ihm potenziell eine höhere Daseins-Form zugänglich wäre, wenn er sich auf einen Prozess einlassen würde, der «Erwachen» genannt wird. In diesem Prozess kehrt das Bewusstsein des Menschen in die Gegenwärtigkeit zurück und erinnert sich seiner Göttlichkeit.

Der Prozess des Erwachens

Wenn der Mensch erwacht, beginnt er sich zunächst seiner egoistischen Motive (Schatten) sowie seiner alten Wunden und Blockaden bewusst zu werden und diese zu heilen. Er begreift, dass diese die Ursache dafür sind, dass er sich von der ursprünglichen Quelle einst getrennt hat.

Durch diesen Heilungsprozess überwindet er allmählich Ignoranz und Unglaube und erfährt eine höhere Art des Denkens und Seins. Auf diese Weise wächst sein Vertrauen in die Existenz seiner Seele, was ihn mit seiner ihm innewohnenden Göttlichkeit wieder verbindet. Wenn der Mensch im nächsten Schritt den Impulsen seiner Seele wieder folgt, ist er auf dem besten Weg, sein Leben in Einklang mit der Natur zu bringen. Der erwachte Mensch hat in der Seele dann einen vertrauenswürdigen inneren Führer und Lehrer wiedergefunden, der ihm den Weg im inneren und äußeren Leben weist. Leben wir in der Verbundenheit mit der Seele, beginnen sich die Wunder der Natur zu offenbaren. Wir erhalten diejenigen Informationen, die wir brauchen, um unserer Bestimmung folgen zu können.

Zur positiven Unterstützung des Prozesses ist es wichtig, dass wir Maßnahmen ergreifen, die die Reinigung des Bewusstseins fördern. Dadurch wird der Geist zur Ruhe gebracht und das Bewusstsein feinfühlig. Dies ist notwendig, damit der Mensch die Impulse aus der Seele klar wahrnehmen und spüren kann. Maha Poorna Atma Yoga,

Hatha-Yoga und Meditation können wichtige Instrumente und großartige Helfer auf diesem Weg sein.

BEWUSSTSEIN UND DAS INDIVIDUUM

Die Art des Bewusstseins eines einzelnen Menschen hat immer gleichzeitig Auswirkungen auf das Individuum selbst und auf das Kollektiv. Alles ist miteinander verbunden und übt einen gegenseitigen Einfluss aufeinander aus. Auf individueller Ebene beeinflusst unser Bewusstsein zum einen, welche Art von Erfahrungen wir im physischen Körper machen, und zum anderen, in welche Erfahrungsebene wir nach dem Tod eingehen werden.

Zunächst einmal ist wichtig zu verstehen, dass die Natur immer «Ja» zu unserem gegenwärtigen Bewusstseinszustand sagt, unabhängig davon, ob wir uns unserer Bewusstseinsinhalte bewusst sind oder nicht. Das bedeutet, dass z. B. ein Mensch, dessen aktuelle innere Haltung von Negativität geprägt ist, eher die negativen Aspekte seiner Erfahrungen fokussiert und sie über das Resonanzgesetz in sein Leben zieht. Wohingegen ein Mensch, der optimistisch und positiv denkt, hauptsächlich die guten Seiten seiner Erfahrungen sieht und diese verstärkt. Wir vermehren das, was unsere Aufmerksamkeit erhält. Über unsere Aufmerksamkeit nähren wir unsere Bewusstseinsinhalte mit Energie.

Wie ein Mensch seine Erfahrungen bewertet, steht im Zusammenhang mit seinem inneren Bewertungssystem, das durch Erziehung und gesellschaftliche Norm geprägt wurde. Diese Prägungen werden Konditionierungen genannt. Konditionierungen sind Glaubenssätze, die nicht der göttlichen Wahrheit entsprechen. Sie sind im Unterbewusstsein gespeichert und geben uns vor, wie wir über etwas denken sollten, ungeachtet dessen ob sie der Wahrheit entsprechen oder nicht. Sie wirken aus dem Unterbewusstsein auf das Bewusstsein und beeinflussen unsere Handlungen. Konditionierungen entfernen den Menschen von seiner schöpferischen und spontanen Ur-Natur.

Im Seelenbewusstsein dient der menschliche Geist als Mittler zwischen Seele und Außenwelt. Er ist das Instrument, das den schöpferischen Impulsen der Seele zu ihrem Selbstausdruck verhilft. Die Fähigkeiten des Geistes werden bewusst und gezielt eingesetzt, um die Impulse der Seele umzusetzen und in der äußeren Realität zu manifestieren. Geist und Seele arbeiten auf harmonische Weise zusammen.

Im Egobewusstsein ist die Zusammenarbeit von Geist und Seele disharmonisch. Die Eindrücke des konditionierten Bewusstseins dominieren den Geist und unterdrücken die schöpferischen Impulse der Seele. Es entsteht ein mentales Kraftfeld, das eigenwillig und konträr zum Kraftfeld der Seele arbeitet. Die Folgen für unseren Lebensweg sind Umwege und Verstrickungen.

Damit wir in Einklang mit unserer Seele leben und ihre Botschaften kontinuierlich klar wahrnehmen und manifestieren können, müssen wir den Weg energetisch erst frei machen. Dafür ist es wichtig, dass wir uns von alten und uns nicht mehr dienlichen Emotionen und Gedankenstrukturen reinigen. Denn sie ziehen das Bewusstsein in die Vergangenheit und in die Zukunft und verzerren die spontanen Impulse der Seele, die nur spürbar werden können, wenn wir gegenwärtig sind und bleiben.

Erst wenn wir aus dem Resonanzfeld der Seele leben, aktivieren wir das ihr innewohnende Potenzial und ziehen dadurch Erfahrungen und Umstände in unser Leben, die der Kraft unserer Seele entsprechen. Daraus resultieren Fülle und Freude.

Bis wir diesen Punkt erreichen, werden wir Erfahrungen machen, die mit unseren alten Wunden in Verbindung stehen, um sie erkennen zu können und sie zu heilen. Sie helfen uns, falsche Gedankenmuster zu erkennen und zu korrigieren und verletzte Emotionen zu neutralisieren, indem wir sie in Einklang mit der Seele bringen. Geheilte Emotionen und Gedanken sind von Positivität, Harmonie, innerem Frieden und Liebe gekennzeichnet.

BEWUSSTSEIN UND ERFAHRUNGEN NACH DEM TOD

Das Bewusstsein eines Menschen hat, wie bereits erwähnt, Auswirkungen auf Erfahrungen, die er nach seinem physischen Tod macht. Dies ist ein überaus wichtiger Punkt, über den die wenigsten Menschen zu ihren Lebzeiten nachdenken. Dies liegt unter anderem daran, dass sie aus Angst vor dem Tod, die transformierende Auseinandersetzung mit ihrer eigenen Vergänglichkeit zu Lebzeiten meiden.

Jeder Mensch muss sterben. Das ist ihm seit seiner Geburt gewiss. Wenn wir ein Leben lang davor wegrennen, uns mit unserer Sterblichkeit auseinanderzusetzen, nehmen wir uns die Chance, das Leben aus einer größeren Tiefe, Dankbarkeit und Bewusstheit zu leben.

Wir dürfen verstehen, dass der Tod nichts weiter ist als ein Transformationsprozess in eine andere Daseinsform. In welche Erfahrungsebene wir nach dem körperlichen Tod eingehen, hängt davon ab, wie wir unser Leben gelebt und in welchem Bewusstseinszustand wir den Körper verlassen haben. Das Resonanzgesetz bleibt auch nach unserem physischen Tod wirksam und wird uns mit denjenigen Erfahrungsräumen verbinden, die dem aktuellen Entwicklungsstand des Bewusstseins entsprechen.

Sind wir schon zu Lebzeiten keine Engel gewesen, können wir nicht erwarten, dass uns nach dem körperlichen Tod die himmlischen Tore offen stehen. Das ist keine Bestrafung. Unser Bewusstsein hat einfach keine Resonanz zu den himmlischen Welten.

Deshalb ist es empfehlenswert, bereits während unserer Zeit auf der Erde im Einklang mit ethischen Werten zu leben. Dies führt den Geist in einen harmonischen Zustand und wird die Erfahrungen, die wir nach unserem Ableben machen, positiv beeinflussen. Auf diese Weise können wir auch die nächsten Inkarnationen begünstigen. Ich empfehle an dieser Stelle den Film «Astralcity – Unser Heim», der auf sehr anschauliche und berührende Weise die jenseitigen Welten und ihre Gesetzmäßigkeiten darstellt. Wir dürfen in Bezug auf dieses Thema lernen, über unseren Tellerrand hinauszuschauen und unsere Sicht erweitern. Es gibt viel zu gewinnen!

BEWUSSTSEIN UND DAS KOLLEKTIV

Die Art des Bewusstseins eines einzelnen Menschen hat auch Auswirkungen auf das kollektive Bewusstseinsfeld und gestaltet das Gesamtgeschehen im Kosmos mit. Dieser Einfluss ist größer als wir denken. In der Wissenschaft wird dieser Effekt der «Butterfly-Effekt» genannt. Er besagt, dass z. B. der Flügelschlag eines einzigen kleinen Schmetterlings einen entscheidenden Impuls für eine größere Wirkungskette geben kann, die dann zu größeren Ereignissen führt, wie z. B. einem Wirbelsturm.

Wenn man auf die Geschichte der Menschheit zurückblickt, kann man beobachten, dass oft ein einziger Mensch ausgereicht hat, um das Weltgeschehen nachhaltig zu beeinflussen. Entweder in Richtung Krieg oder in Richtung Frieden. Welche Art von Welt wir kreieren, entscheiden wir dadurch, ob wir den Impulsen des Egos oder denen der Seele folgen.

Jeder Mensch trägt die Eigenverantwortung für das, was er tut. Über sein Verhalten ist er aber auch mitverantwortlich für das, was auf der Erde und mit seinen Mitgeschöpfen geschieht. Wenn die Basis unseres Bewusstseins Egoismus, Negativität und Selbstbezogenheit ist und wir danach handeln, kreieren wir ein Umfeld von Negativität, Trennung und Zerstörung. Oft sind wir uns der möglichen subtilen Folgen unserer Handlungen gar nicht bewusst. Ein Beispiel soll verdeutlichen was gemeint ist:

Peter und Reinhard sind Kollegen und arbeiten in der gleichen Abteilung. Peter hat mal wieder einen schlechten Tag. Es ist vorprogrammiert, dass irgendjemand seine schlechte Laune zu spüren bekommen wird. Reinhard, sein Kollege, kommt eben zur Tür herein. Er will sich von Peter einen Rat holen, den er dringend braucht, um sein Projekt abschließen zu können.

In der letzten Zeit ist Reinhard depressiv und beschäftigt sich mit Selbstmordgedanken. Er fühlt sich als Versager und von der Welt zurückgewiesen. Schnell wird ihm alles zu viel.

Kaum hat er das Büro von Peter betreten, begegnet ihm dieser schon mit einem unfreundlichen Blick. Peter begrüßt ihn mit den Worten: «Ich habe keine Zeit für Dich. Nerv mich nicht immer mit deinen Angelegenheiten. Meine Sachen muss ich auch selbst hinbekommen.»

Peters Worte sind an diesem Tag für Reinhard wie ein Schlag ins Gesicht. Er fühlt sich unfähig und wieder einmal darin bestätigt, ein Versager zu sein. Die Situation bringt das Fass zum überlaufen. Am Abend sieht er keinen Ausweg mehr aus seiner Situation und erhängt sich auf dem Dachboden.

Die Tragik und Dramatik der Geschichte ist keinesfalls abwegig. Sie geschieht tagtäglich. Wie viele Arbeitsplätze und Schulen sind von Mobbing betroffen? Viele Menschen sind sich nicht bewusst, was sie mit ihrem unachtsamen Verhalten auslösen. Die Geschichte soll die subtile Tragweite verdeutlichen, die ein ignorantes und egoistisches Verhalten haben kann, das heutzutage viele Menschen ihren Mitmenschen gegenüber an den Tag legen.

Vielleicht hätte ein ernstgemeintes, freundliches, unterstützendes und verständnisvolles Wort seines Kollegen Peter an diesem Tag ausgereicht, um Reinhard Hoffnung zu geben und ihn von seinen Suizidgedanken abzubringen. Vielleicht hätte es ihm geholfen, seine akute Krise vorerst zu überwinden.

Würden wir unser Bewusstsein konsequent auf bedingungslose Liebe, Frieden, Verständnis, Positivität, Freundlichkeit und Einheit ausrichten, hätten wir die Kraft, alles um uns herum zum Positiven und zum Lichtvollen zu verwandeln. Denn, wenn wir Urteile in Verständnis und Mitgefühl umwandeln würden, wenn wir liebend, achtsam, gütig, barmherzig, sanftmütig und liebevoll mit uns selbst und anderen im Umgang wären, würde unser Leben Farbe, Freude und Leuchtkraft zurückbekommen. Wir würden eine Welt gestalten, die für uns und andere Lebewesen wieder lebens- und liebenswert wäre. Dafür ist es notwendig, dass wir Ignoranz und Egoismus überwinden und unser Licht wieder zum Leuchten bringen. Auf diese simple Weise kann jeder Großes in der Welt bewirken. Ich habe einmal gelesen, dass ein einziger Mensch, der Erleuchtung erlangt hat, eine so starke Strahlkraft hat, dass er die Ungleichgewichte von mehreren Tausend unerleuchteten Menschen zusammen in der Natur mit ausbalanciert.

BEWUSSTSEIN UND TRANSFORMATION

Der Begriff «Veda» stammt aus dem Sanskrit und bedeutet «Wissen». Die Weisen und Heiligen der damaligen Zeit wussten, dass die Menschheit in ein Zeitalter eingehen wird, indem sie ihren göttlichen Ursprung vergessen würde. Damit das universelle Wissen nicht verlorenginge, haben sie es für die nachfolgenden Generationen vor mehr als 5000 Jahren niedergeschrieben. Dadurch sind die vedischen Schriften entstanden. Die Veden enthalten das vollständige Wissen über die Zusammenhänge der Natur und die Naturgesetze. Die dort enthaltenen Erkenntnisse wurden von Rishis (Sehern) erschaut und sind höchstes Erfahrungswissen. Sie sind zeitlos, allgemeingültig und universell.

In der vedischen Kosmologie werden insgesamt vierzehn Ebenen der Existenz beschrieben. Laut der Veden stellt jede der vierzehn Existenzebenen ein eigenes Planetensystem dar, das auf einer eigenen Bewusstseinsfrequenz vibriert. Von den vierzehn Existenzebenen zählen vier zu den lichtvollen Planetensystemen, drei zu den mittleren, zu denen auch die Erde gezählt wird, und sieben zu den Unterwelten, die auch als Höllen beschrieben werden. Interessanterweise wird die Dreiteilung der Kosmologie, ähnlich wie in den Veden, in sämtlichen spirituellen Traditionen und Religionen beschrieben. Im Christentum und im Koran wird der Kosmos beispielsweise in Himmel, Erde und Hölle unterteilt. Im Schamanismus in Ober-, Mittel-, und Unterwelt. Die buddhistische Kosmologie untergliedert die einzelnen Ebenen noch differenzierter.

Bis auf die Erde sind alle Ebenen feinstoffliche Welten. Die Erde ist in ihrer grobstofflichen materiellen Form einmalig. Sie ist nach vedischer Kosmologie der letzte Planet der mittleren Existenzebene. Von ihrer derzeitigen Lage her wird sie von dunklen und lichtvollen Kräften gleichermaßen stark beeinflusst.

Die Erde gilt als ein großer Transformationsplanet, auf dem alle Wesen die Chance erhalten, innerhalb einer kurzen Lebensspanne auf einzigartige Weise große Bewusstseinsentwicklungen zu durchlaufen. Deshalb ist jedes Leben auf der Erde auch von großer Kostbarkeit und sollte mit großem Engagement für die innere Entwicklung genutzt werden. Wenn wir Menschen in diesem Bewusstsein leben würden, würden wir die wertvolle Zeit, die wir auf der Erde haben, nutzen und nicht mit Nichtigkeiten verschwenden. Nicht jeder Seele ist es gegönnt, sich auf der Erde zu inkarnieren und diese Entwicklungen zu durchlaufen.

In den meisten spirituellen Traditionen und Religionen, werden die lichtvollen Welten als Orte unermesslicher Freude, Reinheit, Freiheit und bedingungsloser Liebe beschrieben. Sie sind die Heimat der lichtvollen Wesen.

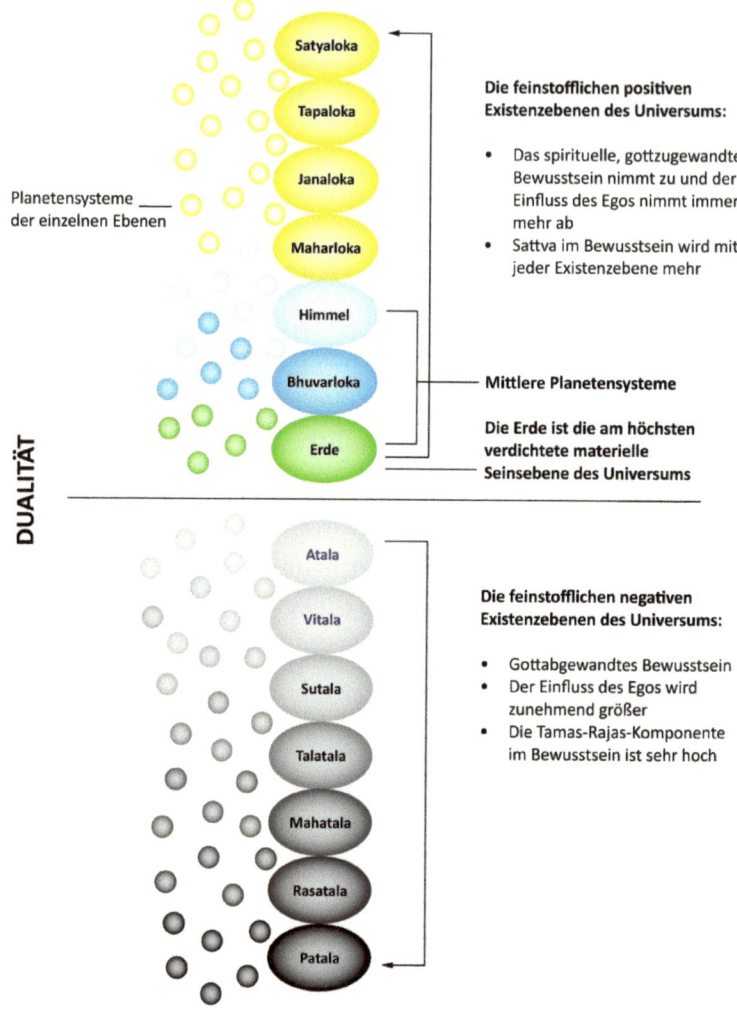

- Das Universum hat laut den vedischen Schriften 14 Existenzebenen.
- Jede Existenzebene besteht aus eigenen Planeten und existiert auf unterschiedlichen Bewusstseinsfrequenzen.

DIE SIEBEN POSITIVEN UND NEGATIVEN EXISTENZEBENEN IN DER NATUR

Dazu zählen z. B. die Engel, die Heiligen, die Halbgötter und Götter. Die höllischen Existenzebenen werden hingegen als dunkel und feurig dargestellt. Dort sind die dunklen Wesenheiten beheimatet. Diese Welten sind von Sklaverei und Egoismus geprägt.

Generell lässt sich sagen: Je höher die Schwingungsfrequenz der jeweiligen Welt, desto mehr Licht, Selbstlosigkeit, bedingungslose Liebe, Frieden, Gottesnähe, Freude und Heiligkeit im Bewusstsein der dort lebenden Wesenheiten. In Bezug auf den Menschen bedeutet das, je mehr Liebe, inneren Frieden und Selbstlosigkeit er in sich trägt, desto höher ist seine Schwingungsfrequenz und desto mehr resoniert sein Bewusstsein mit den höheren Welten.

Je niedriger die Schwingungsfrequenz der jeweiligen Welt ist, desto mehr ist das Bewusstsein von Egoismus, Gewaltbereitschaft, Hass, Zerstörung und Negativität durchdrungen. Je mehr Egoismus und Selbstbezogenheit demnach ein Mensch in sich trägt, desto niedriger ist seine Schwingungsfrequenz und desto mehr ist er in Resonanz mit den dunklen Welten. Durch die Veränderung seines Bewusstseins hat der Mensch zu jedem Zeitpunkt die Chance, die Schwingungsfrequenz seines Bewusstseins zu verändern und den lichtvollen Pfad einzuschlagen.

Das göttliche Bewusstsein ist die Ursache der Existenz aller Bewusstseinsebenen. Sie sind Teil des Schöpfungsspiels und vom göttlichen universellen Bewusstsein durchdrungen und geeint. Die ursprüngliche göttliche Quelle befindet sich jenseits der erschaffenen Welten.

Das Wissen um die Existenz dieser Kosmologie ist insofern wichtig, als es uns Menschen zu einem tugendhaften und lichtorientierten Leben auffordert. Es kann uns ermahnen und uns helfen, Egoismus, Selbstbezogenheit und Tätigkeiten, die die dunklen Energien nähren wie z. B. Alkohol- und Drogenkonsum, das Schauen von Horrorfilmen, Gewalt und Pornografie aufzugeben und uns lichtvollen Tätigkeiten zu widmen, die dem Wohl aller Lebewesen dienen.

Letztendlich ist der Zweck des Lebens, Gott zu suchen und ihn im Inneren unseres Herzens wiederzufinden und dadurch die innere Dürre, Depression und Leere zu überwinden, die ohne seine Existenz bestünde. Es sind der Geist Gottes und seine Gnade, die die Seele beleben und sie mit Licht, Liebe, Harmonie, Frieden, Sanftmut, Freude, Lebendigkeit und Kreativität füllen. In Gott zu leben bedeutet, die eigene Göttlichkeit wiederzuentdecken und vom Guten ausgefüllt zu sein.

KOSMISCHE ZYKLEN – DIE VIER ZEITALTER

Alle Ereignisse, die auf der Erde geschehen, werden durch zwei Faktoren verursacht. Zum einen durch die Art des menschlichen Bewusstseins und die Art der Entscheidungen, die der Mensch trifft. Sie bestimmen z. B. über Krieg und Frieden. Zum anderen spielen übergeordnete kosmische Ereignisse eine wichtige Rolle, zu denen die Zyklen in der Natur zählen. Als Beispiel ist hier der Jahreszeitenzyklus anzuführen, der für jeden Menschen jedes Jahr aufs Neue erfahrbar wird. Die atmosphärischen Bedingungen der Zyklen, wie z. B. dass im Herbst die Blätter fallen oder dass es in bestimmten Regionen der Erde im Winter kalt ist und die Bäume kahl sind, sind von der Natur vorgegeben und der Mensch kann sich an diese nur anpassen.

In der Natur gibt es neben dem Jahreszeitenzyklus noch viel größere, übergeordnete Zeitzyklen. Die Wissenschaft weiß, dass diese existieren, tappt aber in Bezug auf ihre zeitliche Erfassung im Dunkeln und ist in ihren bisherigen Angaben eher widersprüchlich. Die vedischen Schriften hingegen geben uns diesbzgl. ein klares Bild. Auf ihrem Hintergrund lassen sich die aktuellen Geschehnisse in der Natur einordnen.

In den Veden werden die übergeordneten Zeitzyklen «Yugas» genannt. Der Begriff «Yuga» stammt aus dem Sanskrit und heißt «Zeitalter» bzw. «Epoche». Insgesamt gibt es vier große Zeitepochen, die die Erde zyklisch durchläuft. Sie heißen «Satyayuga» (Goldenes Zeitalter), «Treta Yuga» (Silbernes Zeitalter), «Dwarupa Yuga» (Bronzezeitalter) und «Kaliyuga» (Zeitalter der Dunkelheit). Wie die Jahreszeiten, wiederholen sie sich in immer wiederkehrender Reihenfolge und sind durch eine bestimmte Stimmung in der Natur geprägt. Ein vollendeter Zyklus heißt «Mahayuga», was «großes Zeitalter» bedeutet.

Die Epochen unterscheiden sich in ihrer Zeitdauer. Das Satyayuga ist z. B. mit einer Dauer von 1.782.000 Millionen Jahren das längste Zeitalter. Das Kaliyuga mit einer Zeitdauer von 432.000 Jahren das Kürzeste. Man kann in der Literatur auch andere Zeitangaben finden. Ich möchte aber von den bereits Genannten ausgehen, da sie mit meinen Erfahrungen im Einklang stehen.

Die Zeitalter differieren zudem in ihrem Verhältnis von spirituellem Bewusstsein und Egobewusstsein im Kollektivbewusstsein der Menschheit. Im Satyayuga z. B. lebt nahezu 100 Prozent der Menschheit im spirituellen Bewusstsein (Seelenbewusstsein), d. h. mit Gott, der Seele und den Naturgesetzen im Einklang. Im Kaliyuga, dem materiellen Zeitalter, sind es hingegen nur 25 Prozent der Menschheit.

Innerhalb einer Zeitepoche können für einen bestimmten Zeitraum vorübergehende Perioden anderer Zeitalter auftreten. Beispielsweise dauert das Kaliyuga insgesamt 432.000 Jahre. Innerhalb des Kaliyugas kann es z. B. eine 2.000-jährige Periode eines Satyayugas, Treta Yugas oder Dwarupa Yugas geben. Übergeordnet bleibt die Menschheit im Kaliyuga. In diesem Zeitraum erhöht sich der Anteil des spirituellen Bewusstseins im Kollektivbewusstsein der Menschen und der Erde. Er sinkt wieder ab, sobald der Zeitraum vorüber ist. Weitere Angaben zu finden sich in der Grafik auf Seite 39. Für uns ist an dieser Stelle die nähere Betrachtung des Kali- und Satyayugas von Bedeutung.

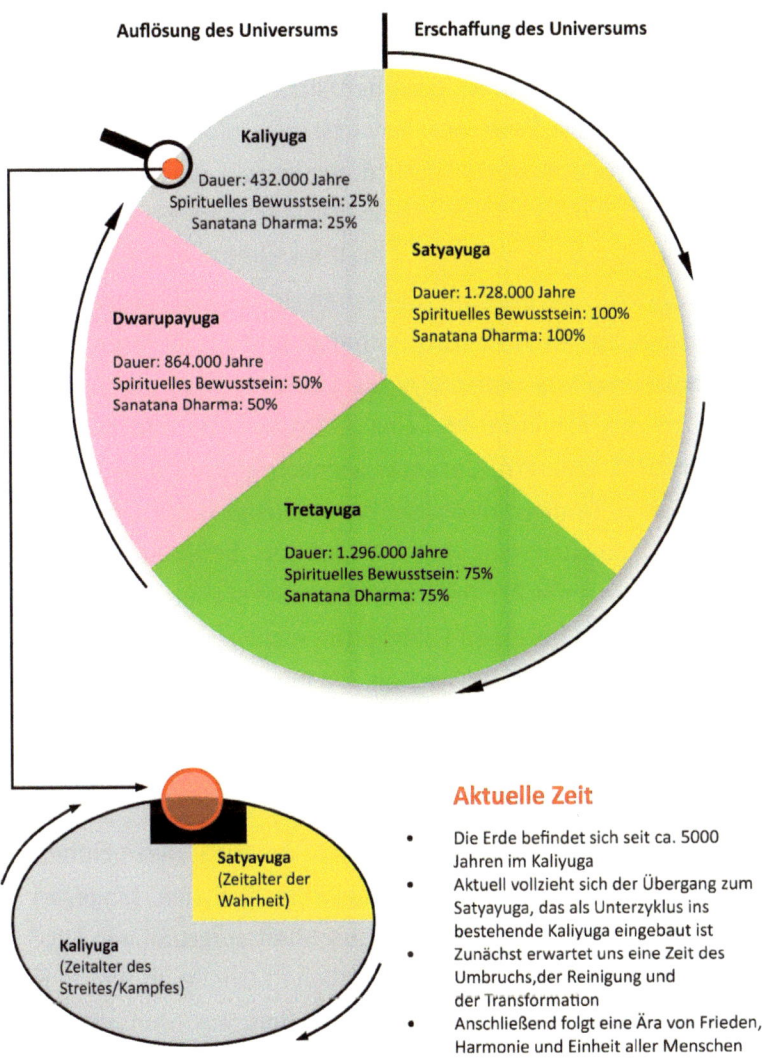

Aktuelle Zeit

- Die Erde befindet sich seit ca. 5000 Jahren im Kaliyuga
- Aktuell vollzieht sich der Übergang zum Satyayuga, das als Unterzyklus ins bestehende Kaliyuga eingebaut ist
- Zunächst erwartet uns eine Zeit des Umbruchs, der Reinigung und der Transformation
- Anschließend folgt eine Ära von Frieden, Harmonie und Einheit aller Menschen

DIE VIER ZEITALTER DES UNIVERSUMS

KALIYUGA

Seit ca. 5000 Jahren befindet sich die Menschheit im Kaliyuga. Aus Sicht des Bewusstseins dem energetisch niederfrequentesten und dunkelsten aller Zeitalter. Die Mehrheit der Menschheit (75%) lebt im Egobewusstsein und nur ein geringer Anteil im spirituellen Bewusstsein (25%). Die meisten Menschen dieser Zeitepoche sind der materiellen Welt stark verhaftet und haben ihren göttlichen Ursprung vergessen. Sie glauben, dass das jetzige Leben auf der Erde ihre einzige Existenz ist und können sich nicht erinnern, dass das Menschsein nur eine Erfahrung ihrer Seele ist und nicht ihr wirklicher Ursprung.

Das Bewusstsein vieler Menschen befindet sich im Kaliyuga in einer Art Tiefschlaf. Dadurch stehen ihnen auch ihre höheren geistigen Fähigkeiten nicht zur Verfügung. Es gibt wissenschaftliche Studien, die herausgefunden haben, dass der Mensch aktuell nur ca. 3-5 Prozent seiner gesamten Gehirnkapazität nutzt. Wer wären wir wohl, wenn wir 100 Prozent unserer Kapazität nutzen würden?

Ursprünglich sind Mensch und Natur EINS. Diese Einheit lebt der Mensch im Satyayuga. Im Kaliyuga hingegen trennt sich der Großteil der Menschheit aufgrund von Egoismus und Ignoranz von der göttlichen Quelle ab und verliert den Kontakt zur Intuition. Verliert ein Mensch den Zugang zur inneren Stimme, verliert er den Kontakt zu sich selbst und wird von außen manipulierbar und konditionierbar.

Durch diese Trennung entstehen im Inneren zwei Perspektiven: die des egogeleiteten Menschen und die der göttlichen Seele. Beide Perspektiven sind in jedem Menschen potenziell vorhanden. Der egogeleitete Mensch kreiert sich eine künstliche Welt, in der er Sklave seiner selbst geschaffenen Vorstellungen wird. Er ist Gefangener vieler falscher Glaubensmuster in Bezug auf sich selbst und die Welt. Die egogeleitete Perspektive hat mit der göttlichen seelischen Realität nicht viel gemeinsam. Da die egogeleitete Stimme in unserer heutigen Zeit dominiert, ist es für viele Menschen schwierig sie hinter sich zu lassen, denn sie wird als normal betrachtet.

Jede gesunde Beziehung besteht aus einem Gleichgewicht von Geben und Nehmen. Dies gilt im zwischenmenschlichen Bereich wie auch in unserer persönlichen Beziehung zur Natur. Im Kaliyuga gerät die Beziehung zwischen Mensch und Natur komplett aus dem Gleichgewicht. Der Mensch nimmt ohne der Natur etwas zurückzugeben und dankbar für das zu sein, was er erhält. Getrieben von Profitgier wird er kurzfristig und kurzsichtig. Durch die Einseitigkeit der Beziehung und die Missachtung der Naturgesetze, die die göttliche Harmonie und Ordnung im Kosmos regeln, kreiert er auf diese Weise große Ungleichgewichte in der Natur.

Innerhalb kürzester Zeit hat es der Mensch so geschafft, die Erde und sich selbst nahezu zu Grunde zu richten. Die gesamte Menschheit sitzt wie ein Frosch im Wasser, das sie langsam selbst erhitzt. Das Schlimme daran ist, dass viele Menschen immer noch wegschauen und nicht bereit sind, ihr Denken zu verändern und wirklich etwas zur Veränderung der Situation in der Welt beizutragen. Sie flüchten sich lieber in die trügerische Normalität des Alltags und glauben den vielen Lügen, die sie umgeben. Wer will auch schon aufrichtig den Schmerz spüren, den er spüren würde, wenn er erwachen und erkennen würde, dass er als Teil des großen Ganzen sich selbst und andere Lebewesen der Schöpfung mit seinem Verhalten zutiefst missachtet und verletzt?

Und so geht es weiter: Der Mensch tötet jedes Jahr auf grausame Weise Milliarden von Tiere, damit er seinen unnötigen täglichen Konsum an Fleisch und Fisch decken kann. Er übersieht großzügig das unsagbare Leid, dass er seinen Mitgeschöpfen und auch der Erde antut. Vor wenigen Tagen habe ich in den Nachrichten gehört, dass 2015 allein in Deutschland 45.000.000 Millionen männliche geschlüpfte Küken bei lebendigem Leib geschreddert werden, weil man für sie keinerlei Verwendung findet. Da kann nur der Wahnsinn Einzug gehalten haben.

Mit dem Fleischkonsum verbunden beutet der Mensch außerdem die Ackerböden aus, da ein großer Bedarf an Getreide als Sekundärnahrung für die Fütterung der Tiere gebraucht wird.

Der Mensch vergiftet sein Trinkwasser mit Antibiotika und Hormonen. Er rodet die Regenwälder ab, die die Lungenflügel der Erde sind. Er fischt die inzwischen vergifteten Meere leer und entsorgt seinen Müll in ihnen. Der

Mensch entwickelt Technologien, die seine Lebensenergie absorbieren. Er richtet sich mit Alkohol, Drogen, Zigaretten, Überarbeitung und ungesunder Lebensführung selbst zu Grunde. Er hat eine Wirtschaft entwickelt, die profitorientiert und menschenfeindlich ist. An allen Ecken lodern Gewalt und Kriege. Die Liste ließe sich endlos weiterführen. Und das alles nur, um das eigene Wohl und den Komfort zu steigern, damit alles zu jeder Zeit verfügbar ist und der Mensch auf nichts verzichten muss. Quantität statt Qualität. Welchen Preis haben wir dafür bezahlt und werden wir in Zukunft bezahlen, wenn wir die Entwicklungen nicht umkehren?

Generell gibt es nichts daran auszusetzen, Dinge zu kreieren, die das Leben leichter machen. Doch wenn mit der Art von Technologien und der Produktion von Nahrungsmitteln so viel Leid über Menschen, Tiere und die Erde kommt und das Hauptmotiv hinter allem nur ist, den Profit zu steigern, um künstlichen Papierscheinen und Münzen nachzujagen, denen überhaupt erst der Mensch einen Wert gegeben hat, dann ist das ein sehr großes Problem.

Wir leben in einer künstlich erschaffenen Welt, die uns vom Wesentlichen ablenkt und nicht zulässt, dass wir uns mit unserem wahren Ursprung und unserer Lebenskraft verbinden. Wir sind aufgefordert uns dessen bewusst zu werden.

Gesundes Wirtschaften heißt: wirtschaften zum Wohle und Glück aller. Dies umfasst Pflanzen, Tiere, Menschen und Erde gleichermaßen. Das sollte der Menschheit höchstes Ideal sein.

Nach dem Gesetz von Ursache und Wirkung, welches auch das «Gesetz des Karmas» oder das «Gesetz der Gerechtigkeit oder des Ausgleichs» genannt wird, wird sich alles, was wir auf dieser Erde tun und getan haben, auf uns zurückreflektieren. Gutes wie Schlechtes. Die Menschheit hat aufgrund ihres Egoismus ein großes negatives kollektives Karma geschaffen, welches sie ihrer eigenen Zerstörung sehr nahe gebracht hat. Wir haben vergessen, dass uns die Welt geschenkt wurde, um uns an ihr zu erfreuen. Wir haben niemals das Recht erhalten, sie zu zerstören. Zerstören wir die Natur, zerstören wir uns selbst. Die Natur hat bereits begonnen zu rebellieren.

Der einzige Ausweg aus dieser verfahrenen Situation ist die Rückverbindung mit unserer Seele. Denn die Seele, durch die das Göttliche uns führt, kennt die Lösung und den Weg aus der Misere. Dafür müssen wir uns aber wieder dem inneren Weg widmen und uns von Egoismus reinigen. Die wunderbare Nachricht ist, dass das Göttliche nie aufgehört hat, mit uns Menschen zu kommunizieren. Sobald wir die Aufmerksamkeit wieder nach Innen lenken und die Selbstbezogenheit aufgeben, werden wir wieder in der Lage sein, die innere Stimme zu hören. Wenn wir ihr bedingungslos folgen, kehren wir zur Reinheit der Seele und zu innerer Fülle und Freude zurück und erhalten Führung auf unserem Weg.

INNERE UND ÄUSSERE GEGENKRÄFTE IM KALIYUGA

Zunächst einmal gilt es sich darüber bewusst zu werden, dass der Mensch ein feinstoffliches Energiewesen ist, das einen physischen Körper bewohnt und dass die materielle Welt, wie sie uns erscheint, von geistigen Gesetzen und feinstofflichen Energieprinzipien regiert wird. Die feinstofflichen Energien sind für jeden Menschen erfahrbar, z. B. in Form von Gedanken und Gefühlen. Sie existieren, wie auch andere energetische Einflüsse, obwohl sie für die meisten Menschen nicht sichtbar sind und beeinflussen uns und unser Wohlbefinden. Es gibt Energiefrequenzen, die dem Menschen förderlich sind und sein Wohlbefinden steigern wie z. B. Liebe. Es gibt aber auch Energieformen, die den Menschen schwächen z. B. negative Emotionen wie Angst, Wut, Eifersucht und Hass.

Besonders im Kaliyuga ist der Mensch mit vielen niederfrequenten energetischen Gegenkräften aus dem Inneren und dem Äußeren konfrontiert. Einen großen Teil von ihnen hat er selbst erschaffen, nämlich dadurch, dass er nicht im Einklang mit den Naturgesetzen handelt. Dazu zählen bspw. Karma oder gesundheitliche Probleme, die auf einer ungesunden Lebensführung basieren.

Diese Altlasten legen sich wie Schleier um das strahlende Licht der Seele und erschweren dem Menschen den Weg in die eigene Göttlichkeit. Aufgrund ihres Einflusses ist es dem Menschen heute deshalb nur bedingt bzw. nur mit größerem Aufwand möglich, sich dauerhaft mit seinem seelischen Potenzial zu verbinden. Er muss das reine Potenzial der Seele energetisch erst befreien.

Zu den inneren Gegenkräften zählen:
- Samskaras sind im Unterbewusstsein gespeicherte Eindrücke, Prägungen und Bilder, die z. B. durch intensive und/ oder traumatische Erfahrungen entstanden sind. Aus ihnen resultieren destruktive Gedankenstrukturen und Emotionen, wie Ärger, Angst, Scham, Schuld, Wut, Eifersucht und Neid, die wiederum zu disharmonischen Rektionen auf Situationen führen.
- Krankheit
- Negatives Karma

Zu den äußeren Gegenkräften zählen:
- Umwelteinflüsse, wie z. B. verunreinigtes Wasser, verunreinigte Nahrung, Luft und Erde. Sie halten die Bewusstseinsfrequenz des Menschen im niederfrequent schwingenden Bereich.
- Künstlich erzeugte Energiefrequenzen wie sie z. B. der Mobilfunk erzeugt. Sie legen sich in ihrer Masse wie energetische Schleier über das kollektive Bewusstseinsfeld der Menschen und verhindern die Anbindung an höhere Bewusstseinszustände.
- Natürliche negative Energien, die aus der Natur kommen, wie z. B. Wasseradern etc.
- Beeinflussung durch negative Wesenheiten (Asurische Kräfte).

Äußere energetische Störfelder:
- Künstlich erzeugte Energiefrequenzen, wie z.B. Radiowellen. Diese sind vom Menschen erschaffen worden und beeinflussen und stören das natürliche Energiefeld des Menschen
- Natürliche negative Energiefrequenzen, die aus der Natur kommen, wie z.B. Wasseradern, negative Wesenheit.

Die Seelenkraft ist untergraben durch äußere und innere Störenergien und kann sich nicht richtig und dauerhaft entfalten.

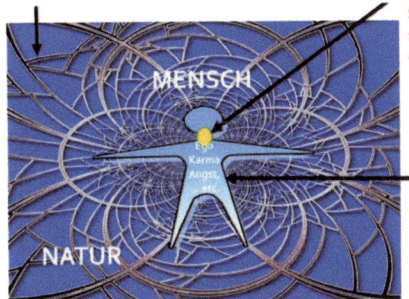

Innere energetische Störfelder:
Ego, Karma, Samskaras, Krankheit, Ungleichgewichte, die sich aus dem Spiel der Polarität ergeben.

ENERGETISCHE SITUATION VON MENSCH UND NATUR IM KALIYUGA

Jeder Mensch kennt die Existenz einer oder mehrerer dieser Gegenkräfte mehr oder weniger bewusst aus eigener Erfahrung und hat sie in unterschiedlicher Intensität und Bewusstheit schon gespürt. Sie erzeugen Energieverluste, trüben die Klarheit des Bewusstseins, verbinden uns mit Negativität und halten uns in niederfrequenten Bewusstseinsebenen in einer Art Schwingungsgefängnis gefangen.

SATYAYUGA

«Satya» bedeutet übersetzt «Wahrhaftigkeit». Es ist das «Goldene Zeitalter», in dem fast 100 Prozent der Menschheit im Einklang mit dem Göttlichen, der Seele und den Naturgesetzen lebt. Die geistigen Naturgesetze werden in den Veden «Sanatana Dharma» genannt. Sie sind die ewig gültigen und universellen Gesetze, die das Zusammenleben in der Schöpfung regeln. Das Sanatana Dharma ist Urgrund und Essenz aller Religionen und existierte bereits, bevor sich irgendeine religiöse oder spirituelle Tradition auf der Erde etablierte.

Im Satyayuga werden die Naturgesetze von allen Lebewesen geachtet und eingehalten. Es ist das Zeitalter von höchster Reinheit von Mensch und Erde. Alles erblüht zu voller Kraft und Schönheit. Der Mensch ist sich seines göttlichen Ursprungs voll bewusst und er bringt seine höheren seelischen Kräfte zur Entfaltung und dient der Schöpfung.

Das Miteinander der Menschen ist im Satyavuga geprägt durch Kooperation und gegenseitiger Unterstützung. Jedes Lebewesen, auch die Tiere und Pflanzen werden als wichtiger Teil einer universellen Gemeinschaft betrachtet. Zwischenmenschliche Beziehungen und die Beziehung zur Natur basieren auf einem gesunden Gleichgewicht von Geben und Nehmen. Alles gehört allen und jeder denkt an das Wohl seines Nächsten. Jegliche Art von Beziehung ist frei von Anhaftung und durch eine innere Haltung von Freiheit, bedingungsloser Liebe, Verständnis, Wohlwollen, Einheit, Großzügigkeit, Harmonie und Frieden getragen. Begegnungen zwischen Menschen sind im Satyayuga göttlich zusammengeführt. Kommunikation und Wissensvermittlung können über Telepathie und durch Energieübertragung geschehen.

Alle Technologien, die der Mensch in diesem Zeitalter entwickelt, sind im Einklang mit der Natur und berücksichtigen das Wohlergehen aller lebenden Wesen. Kristalle spielen in diesem Zusammenhang eine zentrale Rolle. Es existiert ein Wirtschaftssystem, das das Gleichgewicht der Erde und der Menschen achtet und wahrt.

Das Satyayuga ist das Zeitalter, in dem viele spirituelle Meister auf der Erde leben.

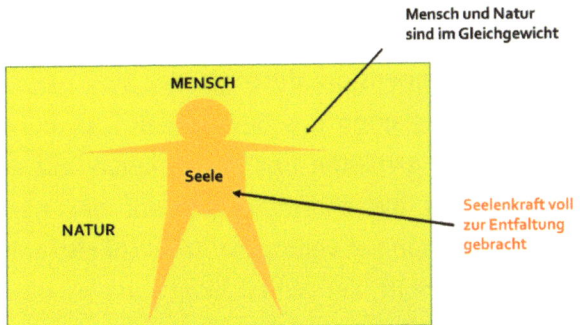

ENERGETISCHE SITUATION VON MENSCH UND NATUR IM SATYAYUGA

ÜBERGANG VOM KALIYUGA INS SATYAYUGA

Alles in der Natur ist beseelt. Auch Planeten sind lebendige Wesenheiten, die, wie wir Menschen, eine Seele haben. Und so wie aus Sicht des Bewusstseins die Seele eines Menschen energetisch in eine höher oder niedriger schwingende Form der Existenz auf- oder absteigen kann, so können dies auch Planeten.

Die Erde und die Menschheit stehen aktuell in der Übergangsphase von einem Kaliyuga, dem energetisch niederfrequentesten Zeitalter, in ein Satyayuga, dem energetisch hochfrequentesten aller Zeitalter. Das Satyayuga wird sich dabei als zeitlich begrenzte Periode in das übergeordnete Kaliyuga einfügen.

DIE BEWUSSTSEINSDIMENSIONEN

Im seelischen Evolutionsprozess gibt es verschiedene Stufen der Bewusstseinsentwicklung. Jede Bewusstseinsstufe entspricht einer bestimmten Bewusstseinsdimension. Je höher die Dimension, desto größer sind die Möglichkeiten und Fähigkeiten des Bewusstseins. d. h., dass das, was für das Individuum und das Kollektiv auf einer Ebene der Realität als «normal» gilt, auf der nächsthöheren Stufe einen erweiterten Wirklichkeitsrahmen erfährt. Der Ausschnitt der Wirklichkeit, wie er uns erscheint, wird größer und damit auch das Verständnis für die Zusammenhänge in der Natur. Generell lässt sich sagen, je höher die Schwingungsfrequenz des Bewusstseins eines Menschen ist, desto geistiger wird er und desto mehr kommt er mit seiner ihm innewohnenden göttlichen Ur-Natur in Einklang und versteht die größeren Zusammenhänge in der Natur.

Die Bewusstseinsdimensionen sind nicht klar voneinander abgrenzbar und fließen energetisch ineinander. Aus diesem Grund gibt es bzgl. der Anzahl der beschriebenen Dimensionen auch unterschiedliche Angaben in der Literatur. Ich möchte an dieser Stelle von sieben Dimensionen ausgehen, da sich anhand dieses Modells der aktuelle

Aufstiegsprozess der Erde gut darstellen lässt. Diese Annahme ist auch gängig.

Ab der ersten und zweiten Bewusstseinsdimension ist der Mensch demnach instinktgeleitet und unbewusst. Seine Handlungsmotive orientieren sich an der materiellen und emotionalen Bedürfnisbefriedigung. Der Mensch ist noch nicht in der Lage, seine Gedanken und Gefühle zu reflektieren.

In der dritten Bewusstseinsdimension beginnt sich der Mensch in einen sozialen Bezug zu setzen und in diesem zu handeln. Seine Motive im sozialen gesellschaftlichen Kontext sind Anerkennung und Aufstieg. In der dritten Dimension nimmt sich der Mensch noch nicht bewusst als Schöpfer seiner Umstände wahr. Die Verantwortung für innere Gefühlszustände werden in die Außenwelt projiziert und Erfahrungen aus dem Opfer- Täterbewusstsein bewertet. Das Bewusstsein dieser Dimension ist starr, wenig flexibel und von egoistischen Handlungsmotiven geprägt. Alte Verletzungen werden zudem festgehalten und Glaubenssätze verlieren teilweise bis zum Tod ihre Gültigkeit nicht. Der Zeitraum, in dem Gedanken und Wünsche zur Realität werden, kann viele Jahre umfassen.

Von der vierten Bewusstseinsdimension aufwärts, beginnt der Mensch allmählich zu begreifen, dass er durch seine Art des Denkens, Redens und Handelns selbst seine Realität kreiert und dass seine innere Haltung bestimmt, welche Art von Erfahrungen er in sein Leben zieht. Das Bewusstsein verankert sich in der Gegenwärtigkeit und wird leichter und spontaner. Der Mensch erlaubt sich, seine Meinungen und Haltungen dann zu verändern, wenn sich seine Erkenntnisse erweitern. Bedingungslose Liebe sowie innerer Frieden werden zum Erfahrungsbestandteil des Bewusstseins.

In der fünften Bewusstseinsdimension wird der Mensch wieder zum bewussten Schöpfer seiner Realität. Seine höheren Fähigkeiten erwachen wie z. B. die Fähigkeit zur Telepathie. Ein Mensch, der die fünfte Bewusstseinsdimension erreicht hat, wählt bewusst, was er in der Realität manifestieren will. Die Basis seiner Handlung ist bedingungslose Liebe, Verständnis, Mitgefühl, Freiheit, Harmonie und Frieden. Niedere Verhaltensweisen können auf dieser Ebene nicht bestehen. Die Fähigkeit zur Kontrolle der Gedanken und Gefühle wird auf dieser Ebene sehr wichtig, da sich der eigene Schöpfungsprozess beschleunigt, d. h., dass es zwischen Gedanke und Verwirklichung des Gedankens so gut wie keine Zeitverzögerung mehr gibt. Der Mensch wird immer unmittelbarer mit seinen Schöpfungen konfrontiert.

Die sechste und siebte Bewusstseinsdimension sind Dimensionen der Erleuchtung. Der Mensch ist dauerhaft im Gottesbewusstsein verankert. Er verkörpert Liebe, Güte, Weisheit und Harmonie. Zeit und Raum beginnen sich aufzulösen. Er wird zum Reisenden und Diener der Ewigkeit.

Nach diesem Modell war das kollektive Bewusstsein der Menschheit bis zu Beginn der 80er Jahre hauptsächlich in der dritten Bewusstseinsdimension. Bis zu diesem Zeitpunkt konnte der einzelne Mensch freiwillig entscheiden, ob er in der dritten Bewusstseinsdimension bleiben oder durch innere Arbeit in eine Höhere aufsteigen wollte. Jetzt ist die Situation eine andere. Derzeit wird das kollektive Bewusstsein der Menschheit von der dritten in die fünfte Bewusstseinsdimension angehoben. Durch die Entscheidung der Natur, dass die Erde in eine höhere Bewusstseinsform aufsteigen wird, ist die Menschheit jetzt als Kollektiv aufgefordert, die mit dem Aufstieg verbundenen energetischen inneren und äußeren Reinigungs- und Transformationsprozesse als Ganzheit zu durchlaufen.

EIN IRRGLAUBE

Der Irrglaube vieler Menschen ist, dass sie denken, wie bisher weitermachen zu können. Dies ist ein großer Irrtum. Jeder Mensch ist aufgefordert, seine innere Arbeit zu leisten und die Lernprozesse der einzelnen Dimensionen zu durchlaufen und zu lernen. Auf dem Weg in die fünfte Bewusstseinsdimension können wir die einzelnen Entwicklungsstufen nicht einfach überspringen und unseren Weg abkürzen. D. h., die Lektionen der dritten Dimension müssen gelernt und vollendet werden, um in die vierte Dimension aufsteigen zu können. Und die Lektionen der vierten Dimension müssen wiederum gelernt und abgeschlossen werden, um vollständig in die fünfte Dimension aufsteigen zu können. Wir können Einfluss in Bezug darauf nehmen, wie schnell wir unsere Lektionen lernen und uns zudem in den jeweiligen Bewusstseinsqualitäten der verschiedenen Dimensionen parallel entwickeln.

Die meisten Menschen stecken nach wie vor tief in emotionalen und mentalen Problemen der dritten Bewusstseinsdimension fest. Das Problem dabei ist, dass der «alte Ballast» das Bewusstsein wie ein Stein beschwert und so verhindert, dass es in eine höhere Dimension aufsteigen kann. Leider haben bisher viele Menschen ihre Hausaufgaben nicht gemacht. Dies liegt vor allem an der weitverbreiteten Ignoranz und dem Unglauben, die sich im Kollektivbewusstsein der Menschheit wie ein Virus eingenistet haben. Dadurch ist die aktuelle Situation entstanden, dass die Prozesse in der Natur weit fortgeschritten sind, der Mensch aber in seiner Entwicklung gewissermaßen nachhängt und nicht da steht, wo er eigentlich schon stehen könnte, wenn er im Einklang mit der Natur diesen Prozess vollzogen hätte.

REINIGUNG DES BEWUSSTSEINS

Das Bewusstsein kann erst aufsteigen, wenn wir uns von alten mentalen Strukturen und emotionalen Verletzungen der dritten Bewusstseinsdimension reinigen und uns zunehmend mit den Qualitäten und Impulsen der Seele identifizieren.

Das, was während des Reinigungsprozesses des Bewusstseins passiert, lässt sich gut und präzise mit Hilfe der «drei gunas» beschreiben. Alle Erscheinungsformen der Materie werden demnach von drei feinstofflichen Energien durchdrungen. Diese heißen gunas und werden «tamas», «rajas» und «sattva» genannt. Sie existieren in unterschiedlicher Zusammensetzung in jeder grob- und feinstofflichen materiellen Form. Tamas sorgt für Stabilität und Festigkeit der Materie, rajas für Beweglichkeit. Sattva ist reines Bewusstsein, Information bzw. Licht.

Im Bewusstsein des Menschen erzeugen sattva, rajas und tamas verschiedene Zustände des Geistes. Sie sind dynamisch und je nach Situation dominierend. Rajas und tamas werden dann problematisch und können zu größeren Ungleichgewichten führen, wenn sie dauerhaft übermäßig im Bewusstsein vorherrschen.

Ein Übermaß an tamas kann so Depressionen, Negativität, Faulheit und Trägheit hervorrufen und die geistigen Energien des Menschen lahmlegen. Zu viel rajas im Bewusstsein kann zu Nervosität, Aggressivität, Unruhe, Ungeduld und Konzentrationsmangel führen. Wer viel sattva im Bewusstsein hat, hat überwiegend einen ausgeglichenen und harmonischen Geisteszustand. Sattva macht den Geist friedvoll, konzentriert, freudvoll, harmonisch, leicht, inspiriert und kreativ. Im sattvigen Zustand hat der Mensch Zugang zu seinen Talenten und spirituellen Fähigkeiten und kann sie zur Entfaltung bringen. Ein Beispiel soll die drei gunas bildlich machen: Wenn wir einem Menschen einen Text zu lesen geben, wird er je nach Geisteszustand, d.h. vorherrschendem guna anders mit der Situation umgehen. Befindet sich ein Mensch in einem tamasigen Geisteszustand, hat er vermutlich gar keine Lust, den Text zu lesen. In einem rajasigen Geisteszustand wird er höchstwahrscheinlich unter Konzentrationsmangel leiden und die gelesenen Informationen aus dem Text nicht richtig aufnehmen können. Erst im sattvigen Geisteszustand wird es ihm möglich, dass er den Text konzentriert liest und die gelesenen Informationen auch aufnehmen und verwerten kann.

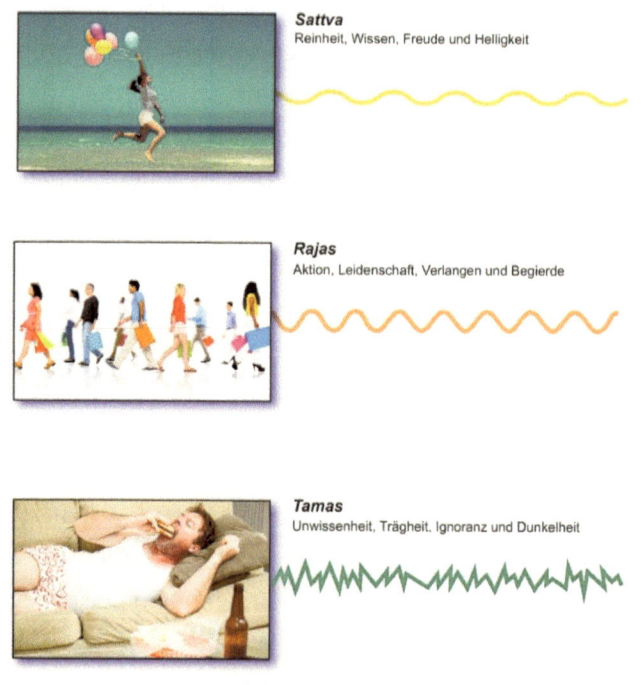

DIE DREI GUNAS

Wenn wir also davon sprechen das Bewusstsein zu reinigen, dann ist damit gemeint, übermäßiges tamas und rajas aus dem Bewusstsein zu entfernen und den Anteil an sattva kontinuierlich zu erhöhen. Dies hilft uns, ins geistige Gleichgewicht zu kommen, zu innerem Frieden zu finden und die intuitiven Fähigkeiten zu stärken.

DAS LICHT IM BEWUSSTSEIN ERHÖHEN

Hier einige Empfehlungen, die den Reinigungsprozess unseres Bewusstseins beschleunigen können und uns darin unterstützen, das Licht im Bewusstsein zu erhöhen:

- **Nahrung:** Unserer Ernährung hat einen ausschlaggebenden und unmittelbaren Einfluss auf unseren Geist und formt die Art unseres Bewusstseins erheblich mit.

    Nahrungs- und Genussmittel, die sattva erhöhen:
    - Frisches Obst und Gemüse
    - Trockenobst
    - Nüsse und Saaten
    - Frischmilchprodukte, wie z. B. Sahne, Ghee, Joghurt, Buttermilch, Kefir, Sauermilch, Milch (nicht pasteurisiert) etc.
    - Getreide und Hülsenfrüchte
    - Honig
    - Mäßiges Essen
    - den Magen zu einem Drittel geleert lassen

Nahrungs- und Genussmittel, die rajas erhöhen:
- Kaffee
- schwarzer Tee
- Kakao und Schokolade
- Eier
- scharfe Gewürze wie Chili oder Pfeffer
- zu viel Salz
- Zucker
- Weißmehl

Nahrungs- und Genussmittel, die tamas erhöhen:
- Hartkäse
- Zwiebeln und Knoblauch (als Medizin und natürliches Antibiotikum verwendbar)
- Pilze
- Fleisch und Fisch
- Drogen
- Alkohol
- Zigaretten
- Vergorene Nahrungsmittel, wie z. B. Essig und Sojasauce
- Unreife und Überreife Nahrungsmittel
- Tiefkühlkost
- Essen aus Konserven
- Nahrungsmittel mit Konservierungs- und Farbstoffen
- viele chemisch verarbeitete Medikamente (wer aufgrund seiner gesundheitlichen Situationen Medika-

mente nehmen muss, sollte unbedingt auf die Einnahme von tamasigen Nahrungsmittel verzichten, um eine zusätzliche Belastung durch tamas zu vermeiden)
- Essen, das zu oft aufgewärmt wird.
- Zu viel essen

Tamasige Nahrungsmittel sollten aus dem Ernährungsplan möglichst gestrichen werden. Rajasige Nahrungsmittel sollten auf ein Minimum reduziert und nur in Maßen konsumiert werden. Die Hauptnahrungsmittel sollten aus der sattvigen Nahrungsmittelkategorie stammen.

- **Meditation**: z. B. auf ein Mantra wie «OM» oder «OM NAMAH SHIVAYA» Während der Meditation kann man die Konzentration im Punkt zwischen den Augenbrauen halten und innerlich kontinuierlich das Mantra der Wahl chanten. Es reinigt den Geist von Disharmonien und Negativität.

- **Pranayama**: Atemtechniken aus dem Yoga wie z. B. die Feueratmung (Kapalabhati) und Wechselatmung (Anuloma Viloma).

- **Hatha-Yoga**: Hatha-Yoga, der körperliche Yoga, harmonisiert die dualen Energien des Körpers und führt zu innerer Harmonie, Ausgeglichenheit und Geisteskontrolle.

- **Maha Poorna Atma Yoga:** Maha Poorna Atma Yoga löst negative Energien auf potenziellen destruktiven Reaktionsmustern im Bewusstseinsfeld auf und erhöht dadurch die Lichtkraft des Bewusstseins.

DER REINIGUNGSPROZESS DER ERDE

Wie bereits erwähnt, werden die Erde und die Menschheit von einem Kaliyuga in ein Satyayuga eingehen, d. h. vom dunkelsten Zeitalter in das Höchste übergehen. In diesem aktuellen Transformationsprozess müssen die Menschen und die Erde aus energetischer Sicht in ihrer Entwicklung eine Höchstleistung vollbringen und sich von allen negativen und egoistischen Energien lösen. Denn das Satyayuga ist das Zeitalter höchster Reinheit von Mensch und Erde. Wir sind aufgefordert uns von den energetischen Ungleichgewichten des Kaliyugas vollständig zu befreien. Aus diesem Grund befinden wir uns aktuell in einer Art Waschgang, der uns ermöglicht diese Prozesse zu vollziehen. Aber nicht nur die Menschen befinden sich in diesem Waschgang, auch die Erde.

Es wird auf der Erde in naher Zukunft deshalb einen Reinigungsprozess in Form eines Höhepunktereignisses geben, der dann den endgültigen Dimensionswechsel markiert und den Zweck erfüllt, die Erde von allen bis dahin noch vorhandenen negativen Energien und Ungleichgewichten zu reinigen. Das energetische Gleichgewicht und der Lichtquotient im Kollektivbewusstsein an diesen

Tagen werden darüber entscheiden, wie intensiv sich dieser Reinigungsprozess auf der Erde ausdrücken wird. In verschiedenen prophetischen Quellen wird dieses Ereignis nahezu einheitlich als «dreitägiger Reinigungsprozess» oder als «dreitägige Dunkelheit» beschrieben.

DAS WESENTLICHE IM ÜBERBLICK

- Die Erde steht vor einem Bewusstseinssprung von der dritten in die fünfte Bewusstseinsdimension bzw. an der Schwelle von einem Kaliyuga in ein Satyayuga.
- Der Dimensionswechsel wird voraussichtlich mit einem mehrtägigen Reinigungsprozess der Erde einhergehen. Durch diesen wird sich die Erde von allen Negativitäten reinigen und die Chance eines Neuanfangs erhalten.
- Für den Aufstiegsprozess ist die innere Vorbereitung von großer Bedeutung. D. h. wir sind aufgefordert, den Ballast der dritten Bewusstseinsdimension vollständig loszulassen.
- Das erreichte energetische Gleichgewicht der Erde und die erreichte Höhe des Lichts im Kollektivbewusstsein, werden am Tag der Reinigung darüber entscheiden, wie intensiv die Erde reagiert, um sich zu reinigen.
- Nach dem Dimensionswechsel werden die Menschen wieder im Einklang mit dem Göttlichen, der Seele, und den Naturgesetzen («Sanatana Dharma») leben und der inneren intuitiven Stimme folgen.
- Viele spirituelle Meister kehren auf die Erde zurück.

3. Kapitel

Prophezeiungen für die kommende Zeit

Als mir im September 2015 bewusst wurde, dass sich die Erde wirklich reinigen wird und die Menschheit und die Erde in der kommenden Zeit große Umwälzungen durchlaufen werden, war diese Erkenntnis anfänglich eine große Herausforderung für mich. Obwohl ich es schon längere Zeit zuvor geahnt und gefühlt hatte, wehrte sich ein Teil in mir gegen diese Vorstellung. Sie war einfach zu gigantisch. Doch die Führung durch meine geistigen Lehrer Agastya Rishi und Lubamitra machte mir unmissverständlich klar, dass es wahr wäre.

WIR SIND DIE GESTALTER UNSERER ZUKUNFT

Wie ich bereits erwähnt habe, begann ich im September 2015, nachdem ich die Segnung für Maha Poorna Atma Yoga erhalten hatte, aufgrund meiner Vorahnungen zu recherchieren. Ich fand zu meinem Erstaunen heraus, dass in sämtlichen religiösen und spirituellen Traditionen von einem Reinigungsprozess der Erde die Rede war, der der Zeitenwende vorausgehen würde.

Es war zunächst nicht meine Absicht gewesen, die verschiedenen Prophezeiungen niederzuschreiben. Doch mir wurde zunehmend klar, dass ihre Darstellung verschiedene wichtige Funktionen erfüllt. Zum einen macht sie die Universalität der Thematik deutlich und damit das Religionsübergreifende und Einende erkennbar. Zum anderen enthalten die verschiedenen Prophezeiungen wichtige und nützliche Hinweise in Bezug darauf, wie wir uns verhalten können, um beschützt zu sein und mit den nahenden Herausforderungen umzugehen. Ihre Darstellung zeigt zudem die Dringlichkeit und Aktualität der Thematik und macht deutlich, wie wichtig und notwendig eine Veränderung unserer Denk- und Handlungsgewohnheiten ist. Außerdem zeigen sie, vor welchem Hintergrund die Arbeit der 19 Siddhas zu verstehen ist und welche herausragende Bedeutung und Wichtigkeit ihr in diesem Prozess beizumessen ist.

Ich weiß, dass die Konfrontation mit den Prophezeiungen zunächst etwas Schockierendes und Aufrüttelndes hat. Aber genau dieser Aspekt beinhaltet für jeden Menschen die Chance, aus seinen Lähmungen zu erwachen, aktiv und kreativ zu werden und zur Verbesserung der Gesamtsituation in der Welt beizutragen. Denn jetzt bleibt noch Zeit, das Schiff in eine gute Richtung zu lenken.

Die Zukunft besteht aus Wahrscheinlichkeiten, die wir durch die Art unseres Bewusstseins und durch unsere Entscheidungen mitgestalten. Deshalb sind die Prophezeiungen auch veränderbar und teilweise schon verändert worden. Fest steht, dass die neue Welt kommen wird und dass sich die Erde zuvor reinigt. Wie intensiv sich der Reinigungsprozess letztendlich in der physischen Welt manifestieren wird, entscheiden wir durch unser jetziges Engagement bzw. Nicht-Engagement erheblich mit. Wir sitzen als EINE Menschheit in einem Boot und sind dazu aufgefordert, gemeinsam dafür zu arbeiten, unser Schicksal zum Guten zu wenden.

Wenn wir uns jedoch weiter hinter Mauern von Ignoranz, Unglaube und Egoismus verschanzen und jetzt nicht aufwachen, wird der Übergang in das neue Zeitalter für uns Menschen nicht einfach werden und mit großen Herausforderungen verbunden sein. Die Warnung und Aufforderung zur Veränderung unseres Verhaltens schlägt sich in sämtlichen Prophezeiungen nieder. Wir sind dazu aufgerufen, in den Einklang mit uns selbst und unserer göttlichen Natur zurückzukehren.

Trotz aller Herausforderungen die der Transformationsprozess in sich birgt, sollten wir jedoch immer im Auge behalten, wozu er dient. Er wird eine heile Erde hervorzubringen, auf der gesunde Menschen im Einklang mit der Natur leben werden. Er ist eine Revolution der Liebe und des Friedens. Es gibt neben all den Herausforderungen auch Grund zu großer Vorfreude!

Ich möchte an dieser Stelle darauf hinweisen, dass ich nur für meinen eigenen Prozess die volle Verantwortung übernehmen kann.

PERSPEKTIVE I:
PROPHEZEIUNGEN VON BABAJI

Interessanterweise kam das Buch «Babaji spricht: Prophezeiungen und Lehren» von Gertrud Reichel im Dezember 2015 zu einem Zeitpunkt zu mir, als ich dachte, dass das vorliegende Buch bereits fertig geschrieben wäre. Babajis Worte eröffneten mir einen tiefen Zugang und ein tiefes Verständnis zu meinen eigenen Erfahrungen und Erkenntnissen.

Nach einem Telefonat hat mir Gertraud Reichel im Dezember 2015 freundlicherweise erlaubt, aus ihrem Buch zu zitieren und Babajis kraftvollen und wegweisenden Botschaften für die End- und Übergangszeit mit den Lesern dieses Buches zu teilen.

16. April 1977

«Babaji prophezeite sehr schlechte Zeiten für die Menschheit, und dass vom Jahre 1980 an die Erde vermehrt Zerstörungen und Unheil erleiden würde.» (S.19)

«Babaji riet allen, zu ihren Religionen zu stehen und den uralten Lehren der Weisen zu folgen. Besonders legte er Wert auf das Singen von Om Namah Shivaya, und zwar so oft wie möglich, auf regelmäßige Diskussionen, Singen und Hören von religiösen Liedern und das Lesen von heiligen Büchern und das Erklären ihrer Bedeutung zum Wohle der Zuhörenden.» (S.21)

«Er wies alle an, diese Worte jedem weiterzusagen, um durch ihre Anwendung das kommende Unheil abzuwehren, bevor es zu spät für die Menschen sei. Nur diejenigen, die diese Prinzipien beherzigen, würden überleben.» (S.21)

26. Juli 1979

«Es wird eine große Veränderung stattfinden, und zwar durch eine blutige Revolution. Frieden wird erst einkehren, wenn die Revolution ihren Höhepunkt überschritten hat. Am Ende der alles zerstörenden Revolution wird kein Land, sei es groß oder klein, verschont geblieben sein. Einige Länder werden vollkommen ausgelöscht, es bleibt kein Zeichen ihrer früheren Existenz. In anderen Ländern werden 3-5 Prozent, maximal 25 Prozent der Bevölkerung übrigbleiben und überleben.»

«Die Vernichtung wird durch Erdbeben, Überschwemmungen, Unfälle, Konflikte und Kriege herbeigeführt. Diejenigen, die den Gott ihrer Religion verehren, werden verschont bleiben.» (S.21)

28. Juli 1979

«Zuerst wird die Zerstörung stattfinden, gefolgt von einer Ruhepause. Schließlich wird Frieden herrschen.»

«Das Gebet wird die einzige Rettung, der einzige Schutz sein. Vergesst Vergangenheit und Zukunft, löscht alle anderen Gedanken und betet mit tiefer Konzentration des Geistes und der Seele!» (S. 22)

14. März 1980
«Wenn das neue Reich kommt, werdet ihr vieles leichter haben.» (S.24)

3. April 1980
«Verhaltet Euch ruhig während der Katastrophe. Fordert mich nicht heraus. Konzentriert Euch auf das Mantra OM NAMAH SHIVAYA.» (S.24)

14. September 1981
«Babaji wurde gefragt, wie anderen Menschen in dieser Zeit geholfen werden könne. Er sagte, indem man sein Erscheinen verkünde, seine Botschaft verbreite. Es ist die erste Pflicht eines jeden, seine Botschaft in die Welt zu tragen.» (S.29)

16. Dezember 1981
«Es ist die Pflicht eines jeden, aufmerksam zu sein und nicht unnütz die Zeit zu vergeuden. Tut eure Pflicht! Seid nicht träge! Dies ist das Zeitalter des Handelns.» (S.31)

«Vergesst eure nationale Herkunft. Wir sind eins hier, eine universelle Familie. Hegt keine Gefühle einer separaten Identität. Dient den Menschen mit eurem Geist, Körper, Reichtum und Verstand.» (S. 31)

25. Dezember 1981
«Seit der Erschaffung der Erde ist Gott immer wieder erschienen, um sich den Garten seiner Welt anzusehen und zu beschützen. So erscheint er von Zeit zu Zeit, um

das Unkraut zu jäten und die Gläubigen und guten Menschen auf die rechte Bahn zu lenken.» (S.33)

28. Dezember 1981

«Jemand, der nicht konstruktiv arbeitet, ist ein Toter. Nur wer arbeitet, wird die Zerstörung überleben. Tut immer mehr, als ihr müsst. Ein neues Reich wird bald entstehen und nur derjenige wird dann überleben können, der Karma Yoga, Arbeit, tut. Während der Arbeit solltet ihr immer das Mantra (Gebet) eurer Wahl wiederholen. Niemand sollte den Mut verlieren, sondern immer wagemutig sein.» (S.37).

«Jeder der Menschlichkeit lebt, wird von anderen geliebt, ist glücklich und wird die Zerstörung überleben. Versucht, jedem Einzelnen dieses Ideal klar zu machen.» (S.38)

«Man soll niemanden hassen, niemanden enttäuschen, einander helfen und Nächstenliebe üben.» (S. 38)

2. Februar 1981

«Ihr seid die Botschafter der Revolution. Später werdet ihr Botschafter des Friedens sein, aber erst die der Revolution.» (S. 39)

25. März 1982

«Verfehlungen von Tausenden Jahren werden ausgelöscht, wenn wir uns vor Gottes Füßen verbeugen, wenn er uns segnend berührt.» (S.40)

«Jetzt werden unsere Herzen auf die kommende Revolution vorbereitet, damit wir ihr mit Gelassenheit begegnen können.» (S.40)

«Jeder muss sich als demütiger Diener der Welt betrachten.» (S.44)

6. April 1982

«In der freien Zeit sollten wir Bhajans, religiöse Lieder, singen, meditieren und den Namen Gottes wiederholen.» (S. 44)

5. Mai 1982

«Hier folgt nun ein Überblick über die künftigen Ereignisse: Punjab, West-Bengalen und andere mohammedanische Länder werden zerstört werden. Einige Länder werden vollständig und ohne Spur verschwinden. Die größten Teile Amerikas werden zerstört. Russland wird durch die Gnade Gottes, wie dies schon in alten Zeiten geschah, überleben.» (S. 49)

«Menschen werden durch giftige Gase umkommen, doch die Gebäude werden stehen bleiben.» (S.49)

17. August 1982

«Jeder Schritt, den ihr geht, kommt der ganzen Welt zugute.» (S.55)

«Fallt nicht zurück in eure alten Gewohnheiten, sondern schreitet voran. Karma- Yoga ist eure oberste Pflicht.» (S.56)

24. Dezember 1982

«Erweckt eure Landsleute.» (S. 63)

26. Dezember 1982

«Ihr müsst alle an der Vervollkommnung der Menschheit mithelfen. Dadurch, dass die Menschheit errettet wird, wird jeder einzelne gerettet.» (S.64)

«Die Zeit wird kommen, wo ihr arbeiten müsst, um zu überleben.» (S.65)

«Was ihr jetzt fühlt, wird im nächsten Moment bedeutungslos. Die Zeit wird kommen, wenn Städte dort entstehen, wo jetzt noch Meer ist, und Meer sein wird, wo jetzt Städte stehen.» (S.65)

«Diese Zerstörung wird alles verwandeln, nichts wird bleiben, wie es war. Ihr sollt deshalb eure Bindung an diese Welt lassen. Nur die Wiederholung der Namen Gottes wird euch nützen. Alles andere ist zwecklos. Gottes Namen sind kraftvoller als tausend Atom- und Wasserstoffbomben. Hilf dir durch die Wiederholung des Namen Gottes. Ihr alle wisst, dass Gottes Name das allerhöchste ist. Warum hängt ihr eure Gedanken an die vergänglichen Dinge dieser Welt? Warum verbringt ihr eure Zeit nicht in Meditation und mit der Wiederholung der Namen Gottes. Bindet euch an Gott!» (S. 65-66)

5. Januar 1983

«Nehmt keine Drogen [...], mit Drogen gibt es für euch keinen Fortschritt, sondern ihr bleibt in Eurer Entwicklung stecken. Lernt Drogen zu vermeiden, nur so könnt ihr andere lehren.» (S.67)

9. Januar 1983

«Denkt und tut nur Gutes. Habt immer gute Gedanken!» (S.67)

«Mein Plan ist der, dass nur denjenigen Erlösung zuteilwird, die Karma Yoga tun.» (S.68)

«Wie viel Geld ihr auch immer haben möget, verwendet es nur für gute Zwecke. Arbeit, positives Denken und das Leben für die Menschheit zu geben ist das Beste.» (S.68)

22. Januar 1983

«Kein Ort soll ohne das Gebet OM NAMAH SHIVAYA, Herr Dein Wille geschehe, bleiben. In jeder Straße, in jedem Haus muss es bekannt sein.» (S.69)

«Jeder soll der Religion seiner Wahl folgen oder den ihm eigenen Weg gehen, wichtig ist nur, dass man menschlich ist.» (S.70)

«Jeder muss sein Heimatland als Ort des Himmels ansehen und den Gedanken an «Ich» und «Mein» aus seinem Bewusstsein löschen.» (S.70)

24. Januar 1983

«Die ganze Welt wird EIN Königreich sein, es wird EINEN König geben und EIN Gesetz wird auf der ganzen Welt herrschen.» (S.71)

29. Januar 1983

«Gott kann nur in Sauberkeit wohnen. In Reinlichkeit zu leben ist einer der wichtigsten Schritte, um Gott zu realisieren.» (S. 72)

«Alles muss sauber sein, denn Sauberkeit ist die erste Stufe, um Gott zu erreichen.» (S.73)

21. März 1983

«Ein wahrer Mensch ist der, der seine ihm aufgetragene Arbeit tut.» (S.74)

«Euer Charakter und eure Haltung müssen gleichermaßen gut sein. Ihr müsst euren Beitrag zu den großen Veränderungen dieser großen Revolution leisten, ganz unabhängig davon, aus welchem Land ihr kommt.» (S. 75)

22. März 1983

«Erwacht! Erhebt euch! Alle von euch müssen sich mit den Menschen überall auf der Welt verbinden und vereinen.» (S.76)

7. April 1983

«Seid bereit, Menschen zu helfen, wo immer ihr seid. Seid stark wie der Felsen, ernst und tief wie das Meer. Denkt an die Erde wie eine Mutter. Die Erde ist eins.» (S.78)

«Nichts von all dem, was erfunden wurde, wird brauchbar sein. Alles kann zerstört werden.» (S.78)

10. April 1983

«An dem Tag, an welchem die gesamte Menschheit arbeitsam wird, wird es in der Welt an nichts mehr fehlen. Der Mensch aber muss leben und durch Fleiß seine Situation bessern.» (S. 81).

24. Mai 1983
«Die einzige gültige Religion ist die Menschlichkeit, die Toleranz und Verzeihen vorlebt.» (S. 9)

17. Dezember 1983
«Durch diese große Umwälzung wird selbst die Geographie der Erde verändert werden [...]» (S.152)

«Alles, was ihr tut, sollte zielgerichtet sein. Nützt die Zeit, die ihr darauf verschwenden würdet, hin- und herzureisen, um einem Menschen, einem beliebigen Lebewesen, etwas Gutes zu tun.» (S.152)

«Ich will nicht, dass ihr alle umkommt in dieser größten aller Umwälzungen der Weltgeschichte. Die Herzen all derer, die von dieser Revolution hören oder lesen, werden schmelzen. Dies ist eine Zeit gewaltiger Zerstörung, die mit keiner anderen vergleichbar ist.» (S.153)

«Die Länder, die die zerstörerischen Waffen erfunden haben, werden selbst zerstört werden. Sie dürfen nicht glauben, sicher zu sein. Sicher ist nur, wer sich wirklich Gott ergibt.» (S.153)

«Ihr müsst so schnell arbeiten können, wie eine Maschine, und euer Gehirn muss in Mantren denken wie ein Computer. Grübelt nicht über Dinge nach.» (S. 154)

«Ihr müsst die Mantren und religiösen Lieder so tief empfinden und mit solcher Konzentration singen, dass die Gottheit, die ihr besingt, sich aufgerufen fühlt, vor euch zu erscheinen.» (S.154)

25. Dezember 1983

«Die Menschheit heute ist in einem sehr degenerierten Zustand: wie Marionetten tanzen die Menschen für dämonische Puppenspieler. Wir müssen die Menschen schützen und ihnen zu Wissen verhelfen. Dafür dürfen wir nicht den Mut verlieren.» (S. 160)

4. Februar 1984

«Dem Karma Yoga den Rücken zuzuwenden und träge zu werden, ist die größte Gefahr, in die ihr euch begeben könnt.» (S. 171)

31. Januar 1984

«Alles können wir auf dieser Erde verwirklichen, wenn wir zielbewusst und fleißig sind.» (S.168-169)

Perspektive II: Europäische Prophetie

Der Prophetie-Forscher Stephan Berndt

Stephan Berndt ist ein deutscher Zukunftsforscher. Er hat insgesamt 250 Texte der europäischen Prophetie aus dem Zeitraum von 1100 bis 1980 gesammelt, die einzelnen Prophezeiungen extrahiert und auf Überschneidungen hin untersucht. In seiner wissenschaftlichen Studie kam er so auf einen Datenumfang von 5000 einzelnen Vorhersagen. Durch eine Auswertung der Daten lässt sich zeigen, dass die europäischen Prophezeiungen im Wesentlichen auf zwei Ereignisse hindeuten: einen «dritten Weltkrieg» und eine «dreitägige Finsternis». Ein möglicher dritter Weltkrieg wird nicht in allen Quellen erwähnt. Die dreitägige Finsternis wird hingegen, bis auf eine Ausnahme, in allen Quellen vorausgesagt. Eine zusammenfassende Darstellung der Ergebnisse der Studie befindet sich in der Abbildung auf S. 76.

Stephan Berndt hat sich besonders intensiv mit dem deutschen Propheten und Hellseher Alois Irlmaier befasst, der eine herausragende visionäre Gabe hatte. Er soll eine hohe Trefferquote bzgl. der Richtigkeit seiner Vorhersagen gehabt haben. Die Person Alois Irlmaier und seine Prophezeiungen sollen im Folgenden vorgestellt werden.

Aussagen zu Teilaspekten der Dreitägigen Finsternis

#	Quellen mit Bezug zur Dreitägigen Finsternis	Zeit	Datensätze	Qualität	Finsternis 3	F	W	Krieg	Naturkatastrophen ~	P	E	N	Ü	O	D	V	H	F	T	Ratschläge	Literatur *
1	Irlmaier	1959	150	I																	30/134
2	Biernacki	1984	149	IV																	8/289
3	Seher v. Waldviertel	1959	79	II																	12/262
4	Dixon	1970	48	IV																	5/147
5	Kugelbeer	1922	43	III																	15/101
6	Luecken	1972	38	III																	8/231
7	Stockert	1948	37	III																	12/221
8	Smith, T.H.	1991	34	III																	71/68
9	Elena Aiello	1955	33	II																	10/161
10	Zönnchen	1988	33	III																	85/143
11	Lindenlied	1850	29	II																	7/374
12	Uriella	1993	21	IV																	209/17
13	De la Vega	1982	18	III																	16/214
14	M. J. Jahenny	1938	16	III																	8/208
15	Böhmischer Seher	1940	16	III																	8/46
16	Pater Pio	1961	14	I																	8/151
17	Taigi	1837	12	II																	8/132
18	Quelle aus Hadith	~800	10	II																	99/94
19	Heilige Ottilie	720	7	III																	14/75
20	Ashtar Sheran	1997	7	III																	PaB
21	Palma v. Oria	1872	6	III																	24/53
22	M.Bergadieu	1875	6	III																	88/315
23	Johannes Friede	1948	6	II																	46/84
24	Baourdi	1878	6	III																	10/154
25	Schweizer Neuoffenb.	1856	4	III																	14/107
26	Henle	1890	4	III																	8/275
27	J. d. la Faudaise	1819	2	III																	4/170
28	Gründ.d.Kongr.v.k.Bl	1837	2	III																	10/155
29	Heroldsbach (Heilm.)	1949	1	III																	8/275
30	Nostradamus	1558	548	II				=													1/377
31	Korkowski	1947	178	III				=	=====	=									=	=	32/23
32	La Salette	1846	84	II																	7/367
33	Erna Stieglitz	1972	50	III	=			=====		=		=	=	=	=		=	=	=	=	12/237
34	Lorber	1864	33	II																	5/156
35	Madam Sylvia	1934	24	III	=			=====		=		=	=	=	=		=	=	=	=	14/178
36	Birger Claesson	1950	23	II	=			=													PaB
37	Frau aus Valdes	1968	20	II	=																5/139
38	Methodius v. Patara	677	20	III	=			=====		=		=	=	=	=		=	=	=	=	15b/63
39	C. v. Heisterbach	1230	20	III	=			=		=				=							5/209
40	Italienische Sibylle	100	19	III																	41/85
41	Hep. v. St. Gallen	1081	18	I	=																41/245
42	Marienth. Klosterbuch	1749	18	II																	5/205
43	Libysche Sibylle	-200	16	III																	14/59
44	Edda	1300	14	III	=			=====		=		=					=	=	=	=	14/77
45	Emmerick	1822	13	III																	PaB
46	Amsterd. Botschaft	1947	12	III	=					=											14/73
47	Beliante	1923	11	III																	60/123
48	Mutter Graf	1961	10	III																	8/191
49	Handwercher	1830	8	III																	77/118
50	Maya-Quelle	1500	8	III	=			=====		=	v	=	=	=	v		=	=	=	=	S.99
51	Hopi-Quelle	1938	7	III	=			=		=							=	=	=	=	19/55
52	Bertha Dudde	1947	7	III	=			=													47/407
53	Kossuthány	1918	6	III																	24/81
54	Higginson	1880	4	III																	8/252
55	Kerizinn	1965	3	III																	99/98
56	Mongolische Quelle	1700	2	III	=			=====		=		=	=	=	=		=	=	=	=	
					3	F	W	~		P	E	N	Ü	O	D	V	H	F	T		

inverse Felder = Geistliche der (meist) katholischen Kirche – oder von dieser heilig- oder seliggesprochen, oder Visionen von kirchlich anerkannten Marienerscheinungen

* teilweise zu einzelnen Quellen weitere Literaturangaben nötig – Literaturcodes siehe Seite 368

AUSSAGEN ZUM DREITÄGIGEN REINIGUNGSPROZESS DER ERDE VON STEPHAN BERNDT

ALOIS IRLMAIER

Alois Irlmaier war zur damaligen Zeit ein bekannter Brunnenbauer, der in der Nähe von München gelebt hat. Er wurde 1894 geboren und ist 1959 in Freilassing gestorben. Durch seine übersinnlichen Fähigkeiten war er in der Lage, über Körperempfindungen Wasserquellen aufzuspüren. Zudem war er hellsichtig.

Am Ende des zweiten Weltkriegs konnte Alois Irlmaier vielen Menschen helfen, indem er ihnen mitteilen konnte, ob Familienangehörige lebend aus dem Krieg zurückkehren würden oder bereits verstorben waren. Alois Irlmaiers Prophezeiungen beziehen sich hauptsächlich auf mögliche Ereignisse in Deutschland. Die folgenden Ausführungen lehnen sich an das Buch von Stephan Berndt an: «Alois Irlmaier – Ein Mann sagt, was er sieht».

Alois Irlmaier sieht zwei große Ereignisse auf die Erde und die Menschheit zukommen. Zum einen einen dritten Weltkrieg und zum anderen eine dreitägige Finsternis. Beide Ereignisse sollen zeitlich unmittelbar aufeinander folgen. Dem Jahr der Geschehnisse gingen ein besonders milder Winter und eine ertragreiche Ernte voraus. Einen möglichen Beginn eines dritten Weltkriegs beschreibt Alois Irlmaier im Juli/August des betreffenden Jahres.

In einer kalten winterlichen Nacht desselben Jahres in den Monaten November/Dezember würde dann plötzlich ein lauter Donner hörbar. Dies sei das Zeichen, dass die dreitägige Finsternis beginne. Wenn der Donner zu hören sei, solle man im Haus bleiben und sofort alle Fenster und Türen licht- und luftdicht verschließen. Die Luftritzen der Fenster könne man mit Zeitungspapier verdichten und die Fenster mit schwarzem Papier abkleben. Man solle es zudem vermeiden, aus Neugierde aus dem Fenster zu schauen, da dies tödlich sein könne. Für die kommenden Tage solle man das Haus nicht verlassen und innig beten. Alle Menschen, die an einem heiligen Ort wohnen, würden verschont bleiben. Dafür würde der Himmel sorgen.

Als Vorzeichen für die dreitägige Dunkelheit nennt Alois Irlmaier:

1. «Zuerst kommt ein Wohlstand wie noch nie.
2. Dann folgt ein Glaubensabfall wie nie zuvor.
3. Daraufhin eine noch nie da gewesene Sittenverderbnis.
4. Alsdann kommt eine große Zahl fremder Leute ins Land.
5. Es herrscht eine hohe Inflation.
6. Bald darauf folgt die Revolution. [Deutschland, Italien, Frankreich] [...](Berndt, S.87)

Empfehlungen für die dreitägige Dunkelheit von Alois Irlmaier:

- Man soll innig beten. Selbst Menschen, die zu Gott keine Beziehung haben, sollten sich einfach in Gedanken an Gott wenden und für das Wohl aller Wesen und so wenig Leid wie möglich beten!
- Man soll geweihte Kerzen anzünden.

- Fenster sollten mit schwarzem Sichtschutz verdunkelt werden.
- Die Fenster und Türen sollten luftdicht mit Zeitungspapier abgedichtet werden.
- Vorräte sollten für mindestens drei Monate angelegt werden. Dabei sollte die Nahrung nicht in Gläsern gelagert werden, sondern nur in Konservendosen, bzw. Edelstahldosen, die luftdicht verschlossen sind.
- Außerhalb vom Haus sollte man nichts essen oder trinken. Das Göttliche wird sich um das Wohl aller kümmern, die im Vertrauen sind.
- Man sollte so viel Wasser wie möglich einlagern. Leitungswasser kann verwendet werden.
- Nach dem Ereignis sollte man drei Wochen lang niemanden ins Haus lassen, da die Gefahr von Plünderungen besteht.
- Man sollte sich von Großstädten fernhalten, da es dort am Schlimmsten zugehen werde.
- Meeresregionen sollten gemieden werden.

Laut Alois Irlmaiers soll sich nach der dreitägigen Finsternis das Klima in Deutschland drastisch verändern. Es gebe dann Temperaturen, wie es sie derzeit in Süditalien gebe. In Deutschland würden Orangen wachsen und es gäbe keinen Winter mehr.
Etwa ein Jahr danach würde es für die Menschen sehr herausfordernd werden. Dann komme eine Zeit des langen Friedens und die Menschen wären glücklich. Jeder ha-

be so viel Land, wie er mit seinen eigenen Händen bebauen könne. Technologisch werde die Menschheit zunächst ins 19. Jahrhundert zurückfallen.

Ich möchte an dieser Stelle die Sicht von Babaji zu den möglichen Ereignissen in Deutschland ergänzen. In dem Buch «Segen von Babaji» beschreibt die Autorin Renata Caddy, dass nach Aussagen Babajis, Deutschland keinen Krieg erleben werde, jedoch von Naturkatastrophen betroffen sein wird.

Perspektive III:
Amerikanische Prophetie

Auch in der amerikanischen Prophetie gibt es verschiedene Quellen, die den 3-tägigen Reinigungsprozess vorhersehen.

Edgar Cayce

Edgar Cayce war ein weltberühmter Seher, der als der «schlafende Prophet» in die Weltgeschichte einging. Er lebte im Zeitraum von 1877 bis 1945. Edgar Cayce gab Sitzungen, in denen er sich in Trance versetzte und Informationen aus dem universellen Wissensfeld bzw. der Akasha Chronik empfing. Er selbst konnte sich während und nach den Sitzungen nicht daran erinnern, was in der Zeit seiner Trance geschah und welche Informationen er empfangen und weitergegeben hatte. Die Sitzungen wurden später u. a. von seiner Frau schriftlich aufgezeichnet.

Es soll keinen Propheten geben, der der Nachwelt so viele dokumentierte Fallbeispiele hinterlassen hat wie Edgar Cayce. In der Bibliothek der von Edgar Cayce gegründeten Organisation «Association for Research and Enlightenment» in den USA sollen ca. 14.300 Fallsitzungen aufbewahrt sein.

Edgar Cayce äußerte sich in seinen Sitzungen zu allen möglichen Themen, die die physische und feinstoffliche Welt betrafen. Er soll oft ärztliche Ratschläge gegeben haben, die selbst Ärzte beeindruckt haben sollen, da Cayce keinerlei medizinische Vorbildung besaß. In seinen Sitzungen habe er wie ein studierter Arzt gesprochen und Ratschläge bzgl. Operationen, Naturheilkunde etc. gegeben. Cayce soll u. a. auch ein großartiger Heiler gewesen sein. Es gibt zahlreiche Publikationen Dritter über ihn.

Auch Edgar Cayce sah ein gigantisches Ereignis auf die Erde zukommen. Er berichtete von Katastrophen, die das Vorstellungsvermögen der Menschheit weit überschreiten würden. Er beschrieb u. a., dass Japan und große Teile des Südostens von Amerika im Meer verschwinden würden und sich Europa von jetzt auf gleich geologisch und klimatisch verändern werde. Dies sei die Folge einer Polverschiebung.

DRUNVALO MELCHIZEDEK

Drunvalo Melchizedek ist ein international bekannter spiritueller Lehrer, der mit seiner Frau in Sedona, USA lebt. Er hat an der Berkeley Universität Kunst studiert und sich während seines Studiums intensiv mit Mathematik und Physik beschäftigt. Sein Studium hat er ein Semester vor Abschluss abgebrochen, um sich ganz dem spirituellen Weg zu widmen. Die Erfahrungen seines Weges hat er in den bekannten Büchern «Die Blume des Lebens I+II» und die «Schlange des Lichts» niedergeschrieben.

Drunvalo Melchizedek durfte, nach eigenen Aussagen, auf seinem Weg von vielen spirituellen Traditionen und Naturvölkern weltweit lernen. Aus dem gesammelten

Wissen hat er einen universellen Weg des Erwachens kreiert und die weltweit verbreitete «School of Remembering» gegründet. Auch er berichtet von einem bevorstehenden Polsprung der Erde und gigantischen Veränderungen, die mit diesem Ereignis verbunden sein werden. Er bezieht sich besonders auf Prophezeiungen der Maya und die verschiedener Naturvölker, die nach Aussagen von Drunvalo Melchizedek in ihrer Essenz einheitlich sind.

Perspektive IV: Aus christlicher Sicht

In der Bibel wird die Endzeit des aktuellen Zeitalters bereits vor mehr als 2.000 Jahren angekündigt. Sie beinhaltet eine Reihe von Warnungen und Vorzeichen, die auf große Umwälzungen auf der Erde hindeuten und der prophezeiten Wiederkehr Jesu vorausgehen. Die Bibelzitate sind von der Online-Bibel der CID-christliche Internetdienst GmbH entnommen worden: http://www.bibel-online.net/.

Bibelverse

Jesaja Kapitel 24, 1-6, 15-20

Das zukünftige Gottesgericht über die Erde

1 Siehe, der HERR macht das Land leer und wüst und wirft um, was darin ist, und zerstreut seine Einwohner. 2 Und es geht dem Priester wie dem Volk, dem Herrn wie dem Knecht, der Frau wie der Magd, dem Verkäufer wie dem Käufer, dem Leiher wie dem Borger, dem Mahnenden wie dem Schuldner. 3 Denn das Land wird leer und beraubt sein; denn der HERR hat solches geredet. 4 Das Land steht jämmerlich und verderbt; der Erdboden nimmt ab und verdirbt; die Höchsten des Volks im Lande nehmen ab. 5 Das Land ist entheiligt von seinen Einwohnern; denn sie übertreten das Gesetz und ändern die Gebote und lassen fahren den ewigen Bund. 6 Darum frisst der Fluch das

Land; denn sie verschulden's, die darin wohnen. Darum verdorren die Einwohner des Landes, also dass wenige Leute übrigbleiben.

15 So preiset nun den HERRN in den Gründen, in den Inseln des Meeres den Namen des HERRN, des Gottes Israels. 16 Wir hören Lobgesänge vom Ende der Erde zu Ehren dem Gerechten. Und ich muss sagen: Wie bin ich aber so elend! Wie bin ich aber so elend! Weh mir! Denn es rauben die Räuber, ja immerfort rauben die Räuber. 17 Darum kommt über euch, Bewohner der Erde, Schrecken, Grube und Strick. 18 Und ob einer entflöhe vor dem Geschrei des Schreckens, so wird er doch in die Grube fallen; kommt er aus der Grube, so wird er doch im Strick gefangen werden. Denn die Fenster der Höhe sind aufgetan, und die Grundfesten der Erde beben. 19 Es wird die Erde mit Krachen zerbrechen, zerbersten und zerfallen. 20 Die Erde wird taumeln wie ein Trunkener und wird hin und her geworfen wie ein Hängebett; denn ihre Missetat drückt sie, dass sie fallen muss und kann nicht stehen bleiben.

Matthäus Kapitel 24, 1-51

1 Und Jesus ging hinweg von dem Tempel, und seine Jünger traten zu ihm, dass sie ihm zeigten des Tempels Gebäude. 2 Jesus aber sprach zu ihnen: Sehet ihr nicht das alles? Wahrlich, ich sage euch: Es wird hier nicht ein Stein auf dem anderen bleiben, der nicht zerbrochen werde. 3 Und als er auf dem Ölberge saß, traten zu ihm seine Jün-

ger besonders und sprachen: Sage uns, wann wird das alles geschehen? Und welches wird das Zeichen sein deiner Zukunft und des Endes der Welt? 4 Jesus aber antwortete und sprach zu ihnen: Sehet zu, dass euch nicht jemand verführe. 5 Denn es werden viele kommen unter meinem Namen, und sagen: «Ich bin Christus» und werden viele verführen. 6 Ihr werdet hören Kriege und Geschrei von Kriegen; sehet zu und erschreckt euch nicht. Das muss zum ersten alles geschehen; aber es ist noch nicht das Ende da. 7 Denn es wird sich empören ein Volk wider das andere
und ein Königreich gegen das andere, und werden sein Pestilenz und teure Zeit und Erdbeben hin und wieder. 8 Da wird sich allererst die Not anheben.

9 Alsdann werden sie euch überantworten in Trübsal und werden euch töten. Und ihr müsst gehasst werden um meines Namens willen von allen Völkern. 10 Dann werden sich viele ärgern und werden untereinander verraten und werden sich untereinander hassen. 11 Und es werden sich viele falsche Propheten erheben und werden viele verführen. Und dieweil die Ungerechtigkeit wird überhandnehmen, wird die Liebe in vielen erkalten. 13 Wer aber beharrt bis ans Ende, der wird selig. 14 Und es wird gepredigt werden das Evangelium vom Reich in der ganzen Welt zu einem Zeugnis über alle Völker, und dann wird das Ende kommen. 21 Denn es wird alsbald eine große Trübsal sein, wie nicht gewesen ist von Anfang der Welt bisher und wie auch nicht werden wird.

22 Und wo diese Tage nicht verkürzt würden, so würde kein Mensch selig; aber um der Auserwählten willen werden die Tage verkürzt. 23 So alsdann jemand zu euch wird sagen: Siehe, hier ist Christus! oder: da! So sollt ihr's nicht glauben. 24 Denn es werden falsche Christi und falsche Propheten aufstehen und große Zeichen und Wunder tun, dass verführt werden in dem Irrtum (wo es möglich wäre) auch die Auserwählten. 25 Siehe, ich habe es euch zuvor gesagt. 26 Darum, wenn sie zu euch sagen werden: Siehe, er ist in der Wüste! So gehet nicht hinaus, – siehe, er ist in der Kammer! So glaubt nicht. 27 Denn gleichwie ein Blitz ausgeht vom Aufgang und scheint bis zum Niedergang, also wird auch sein die Zukunft des Menschensohnes. 28 Wo aber ein Aas ist, da sammeln sich die Adler.

Das Kommen des Menschensohns

29 Bald aber nach der Trübsal derselben Zeit werden Sonne und Mond den Schein verlieren, und Sterne werden vom Himmel fallen, und die Kräfte der Himmel werden sich bewegen. 30 Und alsdann wird erscheinen das Zeichen des Menschensohnes am Himmel. Und alsdann werden heulen alle Geschlechter auf Erden und werden sehen kommen des Menschen Sohn in den Wolken des Himmels mit großer Kraft und Herrlichkeit. 31 Und er wird senden seine Engel mit hellen Posaunen, und sie werden sammeln seine Auserwählten von den vier Winden, von einem Ende des Himmels zu dem anderen.

Mahnung zur Wachsamkeit

32 An dem Feigenbaum lernet ein Gleichnis: wenn sein Zweig jetzt saftig wird und Blätter gewinnt, so wisst ihr, dass der Sommer nahe ist. 33 Also auch wenn ihr das alles sehet, so wisset, dass es nahe vor der Tür ist. 34 Wahrlich ich sage euch: Dies Geschlecht wird nicht vergehen, bis dass dieses alles geschehe. 35 Himmel und Erde werden vergehen; aber meine Worte werden nicht vergehen. 36 Von dem Tage aber und von der Stunde weiß niemand, auch die Engel nicht im Himmel, sondern allein mein Vater. 37 Aber gleichwie es zur Zeit Noah's war, also wird auch sein die Zukunft des Menschensohnes. 38 Denn gleichwie sie waren in den Tagen vor der Sintflut, sie aßen, sie tranken, sie freiten und ließen sich freien, bis an den Tag, da Noah zu der Arche einging. 39 und achteten's nicht, bis die Sintflut kam und nahm sie alle dahin, also wird auch sein die Zukunft des Menschensohnes. 40 Dann werden zwei auf dem Felde sein; einer wird angenommen, und der andere wird verlassen werden. 41 Zwei werden mahlen auf der Mühle; eine wird angenommen, und die andere wird verlassen werden. 42 Darum wachet, denn ihr wisset nicht, welche Stunde euer HERR kommen wird. 43 Das sollt ihr aber wissen: Wenn der Hausvater wüsste, welche Stunde der Dieb kommen wollte, so würde er ja wachen und nicht in sein Haus brechen lassen. 44 Darum seid ihr auch bereit; denn des Menschen Sohn wird kommen zu einer Stunde, da ihr's nicht meinet.

Vom treuen und vom bösen Knecht

45 Welcher ist aber nun ein treuer und kluger Knecht, den der Herr gesetzt hat über sein Gesinde, dass er ihnen zu rechter Zeit Speise gebe? 46 Selig ist der Knecht, wenn sein Herr kommt und findet ihn also tun. 47 Wahrlich ich sage euch: Er wird ihn über alle seine Güter setzen. 48 So aber jener, der böse Knecht, wird in seinem Herzen sagen: Mein Herr kommt noch lange nicht, 49 und fängt an zu schlagen seine Mitknechte, isst und trinkt mit den Trunkenen: 50 so wird der Herr des Knechtes kommen an dem Tage, des er sich nicht versieht, und zu einer Stunde, die er nicht meint, 51 und wird ihn zerscheitern und wird ihm den Lohn geben mit den Heuchlern: da wird sein Heulen und Zähneklappern.

Lukas 21, 25-35

Das Kommen des Menschensohns

25 Und es werden Zeichen geschehen an Sonne und Mond und Sternen; und auf Erden wird den Leuten bange sein, und sie werden zagen, und das Meer und die Wassermengen werden brausen, 26 und Menschen werden verschmachten vor Furcht und vor Warten der Dinge, die kommen sollen auf Erden; denn auch der Himmel Kräfte werden sich bewegen. 27 Und alsdann werden sie sehen des Menschen Sohn kommen in der Wolke mit großer Kraft und Herrlichkeit. 28 Wenn aber dieses anfängt zu geschehen, so sehet auf und erhebet eure Häupter, darum dass sich eure Erlösung naht.

Vom Feigenbaum

29 Und er sagte ihnen ein Gleichnis: Sehet an den Feigenbaum und alle Bäume: 30 wenn sie jetzt ausschlagen, so sehet ihr's an ihnen und merket, dass jetzt der Sommer nahe ist. 31 Also auch ihr: wenn ihr dies alles sehet angehen, so wisset, dass das Reich Gottes nahe ist.

Ermahnung zur Wachsamkeit

32 Wahrlich ich sage euch: Dies Geschlecht wird nicht vergehen, bis dass es alles geschehe. 33 Himmel und Erde werden vergehen; aber meine Worte vergehen nicht. 34 Hütet euch aber, dass eure Herzen nicht beschwert werden mit Fressen und Saufen und mit Sorgen der Nahrung und komme dieser Tag schnell über euch; 35 denn wie ein Fallstrick wird er kommen über alle, die auf Erden wohnen. 36 So seid nun wach allezeit und betet, dass ihr würdig werden möget, zu entfliehen diesem allem, das geschehen soll, und zu stehen vor des Menschen Sohn.

2 Timotheus 3, 1-9

Der Verfall der Frömmigkeit in der Endzeit

1 Das sollst du aber wissen, dass in den letzten Tagen werden greuliche Zeiten kommen. 2 Denn es werden Menschen sein, die viel von sich halten, geizig, ruhmredig, hoffärtig, Lästerer, den Eltern ungehorsam, undankbar, ungeistlich, 3 lieblos, unversöhnlich, Verleumder, unkeusch, wild, ungütig, 4 Verräter, Frevler, aufgeblasen, die mehr lieben Wollust denn Gott, 5 die da haben den Schein

eines gottseligen Wesens, aber seine Kraft verleugnen sie; und solche meide. 6 Aus denselben sind, die hin und her in die Häuser schleichen und führen die Weiblein gefangen, die mit Sünden beladen sind und von mancherlei Lüsten umgetrieben, 7 lernen immerdar, und können nimmer zur Erkenntnis kommen. 8 Gleicherweise aber, wie Jannes und Jambres dem Mose widerstanden, also widerstehen auch diese der Wahrheit; es sind Menschen von zerrütteten Sinnen, untüchtig zum Glauben. 9 Aber sie werden's in die Länge nicht treiben; denn ihre Torheit wird offenbar werden jedermann, gleichwie auch jener Torheit offenbar ward.

WEITERE CHRISTLICHE QUELLEN

VASSULA RYDEN

Bei meinen Recherchen bin ich auf die christliche Mystikerin Vassula Ryden gestoßen. Vassula Ryden ist gebürtige Griechin. Ihre Ursprungsfamilie gehört der griechisch orthodoxen Kirche an. Als Kind hatte sie bereits hellsichtige Fähigkeiten. Sie ist mit einem protestantischen Schweden verheiratet, mit dem sie zwei Söhne hat. Aufgrund des Berufes ihres Mannes, lebte sie mit ihrer Familie in verschiedenen Ländern, u. a. auch in Südafrika und Bangladesch.

Vassula Ryden lebte ein «normales Leben», bis zu dem Tag, an dem sie wie gewöhnlich einen Einkaufszettel schrieb. Plötzlich übernahm eine übernatürliche Kraft die

Schriftführung ihrer Hand und schrieb eine Botschaft auf das vor ihr liegende Papier. Die übernatürliche Kraft stellte sich als ihr Schutzengel vor. Es war seine Aufgabe, Vassula Ryden auf die direkte Führung von Jesus, Gott, dem heiligen Geist und der göttlichen Mutter Maria vorzubereiten.

Von Jesus erhielt sie den Auftrag an der Vereinigung der zersplitterten Kirchen zu arbeiten, da es der Wunsch Gottes sei, dass die Kirche EINS und ökumenisch werde. Seit mittlerweile 23 Jahren empfängt sie Botschaften aus der geistigen Welt und hält auf der ganzen Welt Vorträge. Sie ist die Gründerin der Bewegung «Wahres Leben in Gott».

Vor mehreren Jahren erhielt Vassula Ryden die Botschaft, dass eine neue Welt kommen werde. Mit dem Übergang in die neue Welt wäre eine große Zerstörung verbunden, wenn wir Menschen unser egoistisches Verhalten nicht änderten. Es gibt von ihr auf youtube eine mehrteilige Videoreihe, mit dem Namen «Wahres Leben in Gott». Sie beginnt mit der Sendung 1A. In den Videos spricht sie darüber, wie es uns möglich ist, mit Gott in einer intimen Beziehung zu leben. In einer dieser Folgen berichtet sie u. a. davon, dass Jesus ihr mitgeteilt habe, dass die großen Umwälzungen auf der Erde schon «bald» eintreffen werden. Vassula Ryden fragte Jesus daraufhin: «Meinst Du mein ´bald´ oder Dein ´bald´»? Denn «bald» bedeutet aus der Perspektive der Ewigkeit ja etwas anderes, als aus Sicht der Menschen. Daraufhin entgegnete ihr Jesus: «Dein bald».

Interessant zu erwähnen ist auch, dass Vassula Ryden sich in einer ganzen Sendung Russland widmet. Jesus teilte ihr u. a. mit, dass er seine Hände schützend und segnend über Russland halte und dass Russland in der zukünftigen Welt in Bezug auf Spiritualität eine Vorzeigefunktion haben werde.

DER PASTOR ANDREAS BERGESLOW

Andreas Bergeslow ist ein sibirischer Pastor, der in Deutschland lebt. Auf einer Mission in Sibirien hatte er einen schweren Autounfall, an dessen Folgen er verstarb. Nach fünf Stunden kehrte er in seinen Körper zurück. Aufgrund seiner inneren Verletzungen grenzt es an ein medizinisches Wunder, dass er lebt. Während seines Ablebens hatte er eine Nahtodeserfahrung. Er verließ seinen Körper und begegnete Jesus. Dieser beauftragte ihn, die Menschen aufzuwecken und ihnen den Weg zum Licht zu weisen. Viele Menschen würden derzeit aufgrund ihres Egoismus, den Weg in die dunklen Welten wählen.

DER PASTOR RICK RENNER

Pastor Rick Renner berichtet in der amerikanischen Senderreihe von Sid Roth «It´s Supernatural» im März 2015 von seinen Erfahrungen. Er hatte verschiedene Visionen. In einer Vision wurde er unter anderem nach Russland berufen, wo er momentan mit seiner Familie lebt. In einer Weiteren ist ihm ein Engel erschienen, der ihm zeigte, dass sich die Erde schütteln werde.

Die christliche Mystikerin Angelica Zembrano

Die damals 16- jährige christliche Mystikerin Angelica Zembrano aus Ecuador fastete und betete mit ihren Eltern zehn Tage lang im Rahmen eines christlichen Retreats. Im November desselben Jahres und nach zahlreichen Vorbereitungen, wurde sie von Gott durch einen Sterbeprozess geführt. Für 23 Stunden verließ sie ihren Körper. Gott zeigte ihr in dieser Zeit die jenseitigen himmlischen und höllischen Welten. Bevor sie zurückkehrte, erhielt sie den Auftrag, ihre Erfahrungen mit der Welt zu teilen, die Menschen zu warnen und sie aufzufordern, den Weg des Lichts einzuschlagen.

Perspektive V:
Sicht der Hopi-Indianer

Auf seiner Homepage (siehe Literaturverzeichnis) fasst Gerd Gutemann die Prophezeiungen der Hopi Indianer aus unterschiedlichen Quellen zusammen. Wer sich tiefgründiger mit diesen befassen möchte, kann den Literaturempfehlungen auf seiner Homepage folgen. Ich möchte an dieser Stelle die Prophezeiungen des Hopi-Ältesten Dan Katchongva vorstellen, die er 1970, zwei Jahre vor seinem Ableben, der Öffentlichkeit zugänglich machte.

Dan Katchongva sieht zwei große Ereignisse auf die Menschheit zukommen. Zum einen einen dritten Weltkrieg und damit verbunden die Zerstörung großer Teile der USA. Zum anderen Tage der Reinigung, an dem Gott Mensch und Erde reinigen und läutern werde. Diejenigen, die diese Zeit überleben, würden in der folgenden Zeit eine neue wunderschöne Welt erfahren. Zwischen den Menschen werde Brüderlichkeit und Frieden herrschen. Alle Rassen seien eine Familie und würden eine Sprache sprechen.

Ereignisse der Reinigung

«Unsere Lehren und Prophezeiungen sagen, dass wir auf die Zeichen und Omen achten müssen, die kommen um uns in unseren Glauben zu festigen und zu stärken. [...] Die Natur wird mit dem mächtigen Atemzug des Windes sprechen. Es wird große Katastrophen geben, die durch Erdbeben und Überflutungen verursacht werden. Das Wetter und die Jahreszeiten ändern sich. Wilde Tiere und Pflanzen verschwinden und Hungersnöte treten auf. Wie mächtige Stürme werden Kriege aufkommen. Seit Anbeginn der Schöpfung war all das geplant.»

Dritter Weltkrieg durch die «Roten» [Kommunisten] als Reinigungsmittel

«Das dritte Ereignis ist abhängig vom roten Symbol, das das Kommando übernehmen wird und die vier Kräfte der Natur in Bewegung versetzen wird. Wenn diese Kräfte in Bewegung sind, wird die ganze Welt erschüttert [...] werden. Zu allen Menschen wird der Tag der Reinigung kommen. Dieser Krieg kommt unbarmherzig [...]. Wir dürfen nicht draußen sein. Wir müssen in unseren Häusern bleiben. Er wird die bösen Menschen versammeln.»

«Der Reiniger wird jeden erkennen an seiner Lebensweise, seinem Kopf oder an der Form seines Dorfes und seiner Behausung [...]. Das wird die Reinigung für alle rechtschaffenen Menschen, die Erde und alle Lebewesen auf ihr sein. Das Kranke auf der Erde wird geheilt.»

Frieden und Harmonie nach der Reinigung

«Mutter Erde wird wieder blühen und alle Menschen werden in Frieden und Harmonie für eine lange Zeit vereint sein.»

«Das ist der universelle Plan, gesprochen durch den großen Geist seit Anbeginn der Zeit.»

Aufgabe der Hopi
«Die Hopi haben sich an dieser Stelle der Erde niedergelassen, um mit ihren zeremoniellen Pflichten auf das Land zu achten, so wie andere Völker sich an anderer Stelle auf der Erde niederließen, um auf ihre eigene Art und Weise auf die Erde zu achten. Zusammen halten sie die Welt im Gleichgewicht.»

Entscheidende Personen der Reinigung
«Wir wissen von Leuten, die bestimmt sind, die Reinigung voranzubringen. Von Beginn der Schöpfung an ist es der universelle Plan. Überall auf der Welt, auf verschiedenen Kontinenten ist er in Felszeichnungen zu finden. Wenn Menschen überall auf der Welt davon wissen, werden wir zusammenkommen. Deshalb bitten wir euch, diese Worte überall zu verbreiten, damit die Menschen davon wissen.»

Wunsch zur Verbreitung der Prophezeiungen
«Ich habe gesprochen. Ich wünsche, dass diese Botschaft sich in alle Ecken dieses Landes und über die großen Wasser verbreitet, wo verständnisvolle Menschen die Worte der Weisheit überdenken. Das ist mein Wille. Menschen können verschiedene Meinungen zu verschiedenen Dingen haben. Doch in Bezug auf die Natur des Glaubens, auf dem das Hopi-Leben basiert, erwarte ich, dass wenigstens einer, wenn nicht gar zwei, zustimmen werden. Wenn es drei sind, ist es viel wert.»

Perspektive VI:
Sicht eines jüdischen Jungen

2015 hatte ein jüdischer Junge namens Nathan am Tag des Blutmonds eine Nahtoderfahrung. Während seines irdischen Ablebens wurden ihm in der geistigen Welt die möglichen zukünftigen Ereignisse auf der Erde gezeigt. Auch er sah einen dritten Weltkrieg und große Veränderungen für die Welt durch Naturkatastrophen. Er durfte entscheiden, ob er im Jenseits bleiben oder auf die Erde zurückkehren wollte. Er entschied sich zurückzukommen, um die Menschen zu warnen. Vor seiner Erfahrung hatte er nichts mit Religion zu tun. Erst nach diesem Ereignis zog er die Aufmerksamkeit der Rabbis und der Medien auf sich.

PERSPEKTIVE VII:
SICHT DES NOSTRADAMUS

Rose Stern ist eine Buchautorin, die sich in den letzten zwei Jahrzehnten intensiv mit der Entschlüsselung der 1000 Verse der prophetischen Schrift des Nostradamus auseinandergesetzt hat. Vor wenigen Jahren ist es ihr gelungen, einen weiteren Schlüssel zu finden, der ihr einen vertieften Zugang zu diesem Text ermöglichte. Durch seine Entschlüsselung fand sie heraus, dass Nostradamus einen Polsprung vorhersah und damit einhergehend eine große Katastrophe, die über die Welt kommen würde. Auch Nostradamus erwähnt einen 3. Weltkrieg, der diesem Ereignis vorausgehen könnte.

Laut Daten der NCEI -National Center for envrionmental Information, die ich mit freundlicher Genehmigung der NCEI hier verwenden darf, hat der Pol innerhalb der letzten 20 Jahre seine Geschwindigkeit im Vergleich zu den 90 vorhergehenden Jahren nahezu verdoppelt (siehe Abb. auf S. 102). Einige Wissenschaftler gehen davon aus, dass der Pol in den nächsten 50 Jahren in Sibirien ankommen und dort, ohne größere Turbulenzen, stoppen wird. Nostradamus sieht das allerdings anders. Er beschreibt, dass sich der Pol langsam vorwärts bewegen und dann plötzlich einen rechtwinkligen Sprung von 2000 km in Richtung Beringstraße machen werde. Der Sprung sei Auslöser dafür, dass sich die Erde zu schütteln beginne.

Durch die Decodierung des Textes konnte Rose Stern dazu folgende Textstelle von Nostradamus entschlüsseln: «Das große Triebwerk erneuert die Jahrhunderte, Meer, Erde, Menschen, ihr Zustand ändern sich [...]. Das Jahrhundert der Erneuerung nähert sich. Der Nordpol wird gewechselt. [...] Der große Blitz fällt zur Tages-Stunde nieder. Großes Feuer wird in drei Nächten vom Himmel fallen. Wenig später wird die Erde zittern [...]» (Stern, S. 128-131).

In seinen Versen beschreibt Nostradamus relativ genau was während des Polsprungs geschehen könnte. Wer darüber mehr erfahren möchte, kann das Buch von Rose Stern «Nostradamus. Die Göttliche Weissagung. Jetzt!» lesen.

Auch Nostradamus nennt verbunden mit dem Ereignis einen Läuterungsprozess für die Menschheit. «Die Katastrophe, der verblüffende Zusammenbruch der Magnetosphäre wäscht, reinigt die Erde.» (Stern, S. 185) und weiter «Die Vergangenheit wird vernichtet, ausgelöscht.» (Stern S. 186). **Der Polsprung werde laut Rose Stern eine Antwort des Göttlichen sein, die der Erde die entscheidende Rettung bringen und der Menschheit eine gesunde Zukunft ermöglichen werde, da die Menschheit aus eigener Kraft nicht mehr in der Lage sei, die durch ihr egoistisches Verhalten ausgelösten Fehlprozesse in der Natur aus eigener Kraft wieder rückgängig zu machen.**

Nostradamus sieht die innere und geistige Vorbereitung als zentral und notwendig an.

Es sei wichtig den Geist zur Ruhe zu bringen, die Gedanken zu kontrollieren und die Ruhe zu bewahren.

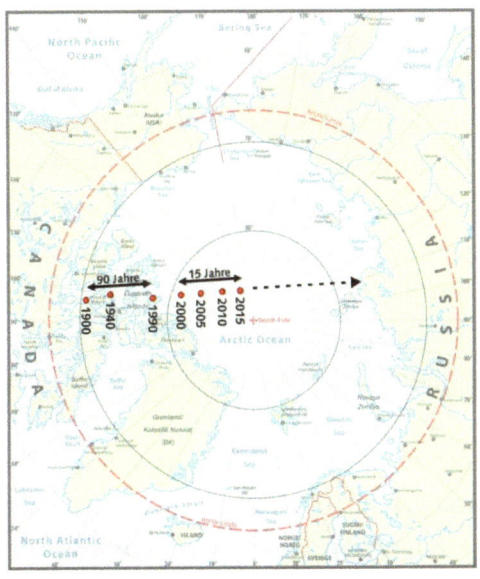

DIE POLWANDERUNG

Perspektive VIII:
Aus wissenschaftlicher Sicht

Der Wissenschaft ist bekannt, dass es in bestimmten Zeitabständen zu Polsprüngen auf der Erde kommt. Sie hat derzeit jedoch noch nicht die technischen Möglichkeiten, um genau zu definieren, in welchen Zeitabständen diese auftreten. Naturvölker wie die Maya beschreiben, dass Polsprünge ca. alle 24.000 Jahre geschehen. Die Wissenschaftler gehen von größeren Zeitabständen aus, haben ihre Angaben diesbezüglich jedoch in der Vergangenheit mehrfach korrigiert. Deutlich wird dies in zwei Online-Zeitungsberichten der Zeitschrift «Die Welt» aus den Jahren 1995 und 2010. Laut diesen gingen die Wissenschaftler 1995 noch alle 800.000 Jahre von einer Umpolung der Erdmagnetpole aus. Der Nächste wäre demnach in etwa 2.000 Jahren zu erwarten. 15 Jahre später werden die Angaben in einem weiteren Zeitungsartikel revidiert. In diesem geht die Wissenschaft alle 250.000 Jahre von einem Polsprung aus. Der Nächste sei längst überfällig.

Wissenschaftler haben durch Messungen herausgefunden, dass das Magnetfeld der Erde schon seit längerer Zeit immer schwächer wird und der Pol schon vor mehreren Jahrzehnten seinen Ursprungsort verlassen hat (vgl. Daten von NCEI). Seine Wanderung hat in den letzten Jahren an Geschwindigkeit stark zugenommen. Derzeit bewegt er sich in Richtung Sibirien. Seine Ankunft wird dort in ca. 50 Jahren erwartet.

Wer sich mit dem Polsprung aus wissenschaftlicher Perspektive genauer befassen möchte, kann sich dazu die folgenden Filmempfehlung auf youtube anschauen: «Magnetischer Wechsel: Die Pole spielen verrückt». In diesem Film wird der Polsprung auf interessante und einfache Weise erklärt und aus wissenschaftlicher Sicht Stellung zur aktuellen Situation bezogen.

DAS WESENTLICHE IN DER ÜBERSICHT

- Viele prophetische Quellen sprechen von einem dritten Weltkrieg, der dem Reinigungsprozess vorausgehen könnte.
- Der dreitägige Reinigungsprozess könnte mit einem Polsprung einhergehen, der geografische und klimatische Veränderungen mit sich bringen könnte.
- Die innere Vorbereitung ist sehr wichtig, d. h. zu lernen, den Geist ruhig zu halten, im inneren Frieden zu ruhen und das Bewusstsein von Egoismus zu befreien.
- Das Gebet wird von überlebenswichtiger Bedeutung sein.

4. Kapitel
Heilung der Erde -
Die Arbeit der 19 Siddhas

Siddha bedeutet übersetzt «Perfektion». Ein Siddha ist ein Wesen, das das höchste göttliche Bewusstsein verwirklicht hat und aus den höchsten Frequenzebenen der Schöpfung arbeitet. Seit Urzeiten sind sie universelle Lehrer, die von den höchsten Bewusstseinsebenen für den Schutz des energetischen Gleichgewichts der Menschen und der Erde arbeiten. Ein Siddha lebt im vollkommenen Einklang und in Harmonie mit der Schöpfung. Er ist bzgl. seiner Kräfte gottgleich und kann die Naturgesetze zum Wohle aller beeinflussen und verändern. Ihre Arbeit und ihr Wesen sind vom höchsten Licht, von reinsten Intentionen und bedingungsloser Liebe durchdrungen.

DIE 19 SIDDHAS ALS TEIL DER KOSMISCHEN EINHEIT

Es ist wichtig zu verstehen, dass es aus Sicht der göttlichen Perspektive nur EINE Natur und EINE Menschheit gibt. Je nach spiritueller oder religiöser Tradition wird diese EINE Wirklichkeit in unterschiedlicher Terminologie mehr oder weniger differenziert beschrieben. Es gibt nur EINHEIT, aus der die Vielfalt der verschiedenen spirituellen und religiösen Wege entspringt. Die göttliche Quelle ist ihrer aller Ursprung und eint sie. Deshalb ist eine Abgrenzung zwischen den verschiedenen religiösen und spirituellen Traditionen und das Kämpfen um Recht und Unrecht im Grunde genommen völliger Unsinn.

Auch die 19 Siddhas sind Teil der kosmischen Einheit und erfüllen wie andere spirituelle Wesen individuelle und einzigartige Aufgaben im universellen Transformations- und Aufstiegsprozess der Erde. Ihre Arbeit ist ein wichtiger und bedeutsamer Bestandteil eines großen Zusammenspiels. In der jetzigen Zeit kommt ihrer Arbeit einer besonderen Bedeutung bei.

EINE GROßE CHANCE FÜR DIE MENSCHHEIT

Natur und Mensch sind, wie bereits erwähnt, über ein allumfassendes Bewusstseinsfeld eng miteinander verbunden. Alle Handlungen, die wir als Individuen ausführen, dies beinhaltet Denken, Reden und Handeln, haben einen energetischen Einfluss auf das kollektive Bewusstseinsfeld. Über dieses Bewusstseinsfeld gestalten wir durch die Art unserer Energie die Ereignisse auf der Erde mit. Sind wir im Gleichgewicht, leben harmonisch mit der Natur und den Naturgesetzen in Einklang und haben Bewusstseinsqualitäten wie Liebe, Mitgefühl, Verständnis, Vergebung verwirklicht, erzeugen wir positive Energiefelder und stärken darüber das energetische Gesamtgleichgewicht der

Erde. Verhalten wir uns hingegen selbstbezogen und missachten die Gesetze der Natur, bauen wir negative Energiefelder auf und schwächen unseren Gleichgewichtszustand und den der Erde.

Mitte Juni 2016 traf ich während eines Spaziergangs einen Freund. Er erzählte mir im Rahmen unseres Gesprächs von der Buchreihe «Anastasia» von Wladimir Megre. In den folgenden Tagen kam er ins Zentrum und lieh mir den ersten Band. Als ich begann, das Buch zu lesen, fand ich eine Textstelle, die den Zusammenhang von Bewusstsein und Naturereignissen auf der Erde sehr detailliert und treffend beschreibt:

«In den Kosmos steigt vom Menschen nur lichte Strahlung, und aus dem Kosmos gelangt auf die Erde nur wohltuende Strahlung. Von einem Menschen boshafter Gesinnung geht eine dunkle Strahlung aus, die nicht hinaufsteigen kann, sondern in das Innere der Erde gelangt. Von dort zurückgeworfen kehrt sie wieder an die Oberfläche zurück – in Form von Vulkanausbrüchen, Erdbeben und Kriegen.» (Megre, 2013, S.22)

Jede Umweltkatastrophe stellt aus Sicht der Erde einen Versuch dar, sich von einem Übermaß an negativen Energien zu befreien. Dies ist vergleichbar mit einer Erkrankung, die ein Mensch bekommen kann, wenn er zu viele Disharmonien in sich trägt. Der Körper löst dann eine mehr oder weniger heftige symptomatische Reaktion aus, die dem Menschen helfen soll, die negativen Energien loszulassen und in seinen ursprünglichen harmonischen

Gleichgewichtszustand zurückzukehren. Das gleiche Prinzip lässt sich auf die Erde als lebende Wesenheit übertragen. Der Unterschied besteht jedoch darin, dass wenn die Erde reagiert, die Menschheit mit betroffen ist und die Konsequenzen für den einzelnen von größerem Ausmaß sind.

Wenn wir uns aktuell in der Welt umschauen, dann wird deutlich, dass die meisten Menschen nicht im Gleichgewicht sind und teilweise starke emotionale und mentale Ungleichgewichte in sich tragen. Alle Probleme, die wir in unserem Leben erfahren, lassen sich auf diese Ungleichgewichte zurückführen. Diese resultieren u.a. aus Karma, Samskaras, aber auch aus äußeren energetischen Einflüssen, wie z. B. künstlich erzeugte Energiefrequenzen oder Besetzungen durch negative Wesenheiten. Letztendlich sind sie eine Erscheinung des Kaliyugas und Ausdruck unseres Abgetrenntseins von der göttlichen Quelle.

Ob man es nun glauben mag oder nicht, diese unausgeglichenen Aspekte in unserem Inneren sind mitverantwortlich für die aktuellen Umweltkatastrophen und Kriege. Denn aus negativen Emotionen und negativen Gedankenstrukturen entstehen disharmonische negative Energiefelder, die wir in die Natur strahlen und die das energetische Gesamtgleichgewicht der Erde belasten. Zudem können aus ihnen keine harmonischen und friedvollen Handlungen folgen.

Aktuell liegt ein Schleier, bestehend aus verschiedenen negativen Energien, über der ganzen Erde, der uns zum

Verhängnis werden könnte, wenn wir diesen nicht rechtzeitig auflösen. Sie tragen entscheidend dazu bei, dass das energetische Gleichgewicht der Erde aktuell nahezu vor dem Kollaps steht. Wir sind im höchsten Maße aufgefordert, unsere energetischen Ungleichgewichte zu überwinden. Dies ist notwendig, um das Energiefeld der Erde zu stabilisieren und um die lichtvollen Kräfte in der Natur zu erhöhen.

Aus Sicht der Natur steht fest, dass das goldene Zeitalter kommen wird, und auch, dass sich die Erde und die Menschen zuvor von allen disharmonischen und negativen Energien reinigen müssen, damit sich das Bewusstsein auf die Energiefrequenz des Satyayugas anheben kann. Das Erreichen der Energiefrequenz des Satyayugas ist für jeden Menschen eine notwendige Voraussetzung, um in das Satyayuga übergehen zu können.

Wie intensiv sich der Reinigungsprozess der Erde letztendlich auf der physischen Ebene manifestieren wird, d. h., ob er sanft oder heftig wird, wird letztendlich davon abhängen, inwiefern wir die negativen Energien in uns und in der Natur JETZT auflösen und ins energetische Gleichgewicht kommen.

Stellen wir vor dem dreitägigen Reinigungsprozess unser eigenes energetisches Gleichgewicht und das der Natur weitestgehend wieder her, indem wir mitwirken, das Licht in uns und im Kollektivbewusstsein zu erhöhen, stärken wir das Gesamtgleichgewicht der Erde und können dadurch möglich machen, dass der Übergang in die neue

Zeit sanfter wird und die größeren Katastrophen ausbleiben.

Die gesamte Arbeit der 19 Siddhas beruht darauf, den Menschen und der Erde sämtliche Instrumente und Hilfestellungen aus der höchsten Frequenzebene der Natur zur Verfügung zu stellen, die nötig sind, dem Menschen und der Erde zu helfen, so schnell wie möglich in ihr energetisches Gleichgewicht zu finden und in Einklang mit der höchsten Frequenz ihrer Seele zu kommen. Höchste Frequenzebene bedeutet in diesem Zusammenhang, dass die Methoden und Hilfsmittel, die sie geben, mit dem höchsten göttlichen Licht aufgeladen sind und zu Transformationsprozessen führen, die uns energetisch auf die Ebene des Satyayugas erheben. Die hohen Frequenzen überlagern dabei die niedrigen des Kaliyugas. Zudem wird die Seelenfrequenz des Menschen aktiviert, wodurch der Mensch schneller in sein wahres Leben erwachen kann.

Die Arbeit der 19 Siddhas basiert u. a. auf göttlicher Alchemie. Die 19 Siddhas waren nämlich nicht nur Yogis und Ärzte, sondern auch Alchemisten. Alchemie ist eine uralte Wissenschaft, die in sämtlichen alten Kulturen und Mysterienschulen existierte. Durch Alchemie wird es möglich, dass hochfrequentes göttliches Licht in die Materie gebracht und die Materie energetisch transformiert werden kann. Dies wird möglich, weil Materie letztendlich nicht existiert.

Der Physiker und Erfinder Nicola Tesla hat es sinngemäß so ausgedrückt: wenn wir verstehen wollen wie das Universum funktioniert, sollten wir lernen, in Begriffen von Energie, Schwingungen und Frequenzen zu denken. In der Natur gibt es unzählige Energieformen, die auf unterschiedlichen Frequenzen vibrieren. Laut Einstein ist Materie letztendlich nichts weiter als Schwingung, die so stark gesenkt wurde, so dass sie für die fünf Sinne wahrnehmbar wird. Geist formt Materie. Das können wir besonders bei kreativen Prozessen beobachten, wie z.B. dem Bau eines Hauses oder das Malen eines Bildes.

Durch die Arbeit der 19 Siddhas erhalten wir die Chance, den notwendigen energetischen Transformationsprozess auf innerer und äußerer Ebene im Einklang mit den aktuellen Prozessen in der Natur zu vollziehen. Sie geben uns eine notwendige und kraftvolle Medizin, um Fehlprozesse, die wir Menschen in der Natur verursacht haben zu korrigieren und die innere und äußere Natur von allen disharmonischen Energiefrequenzen, die nicht dem Satyayuga entsprechen, zu befreien. Dadurch können wir uns und die Erde ins energetische Gleichgewicht bringen. Je mehr energetisches Gleichgewicht auf der Erde, desto sanfter der Übergang in das neue Zeitalter.

Das Göttliche arbeitet durch verschiedene Menschen als seine Mittler, um den Aufstiegs- und Transformationsprozess auf der Erde zu vollziehen. Ein wichtiger Mittler der 19 Siddhas ist Sriraman. Sriraman ist einer der engsten Schüler von Sri La Sri Mahananda Siddha und Agastya

Rishi. Seit mehr als 15 Jahren wird jeder seiner Schritte von Agastya Rishi geführt. Über die letzten 15 Jahren wurde er von der göttlichen Mutter, den 19 Siddhas und anderen Meistern mit zahlreichen Fähigkeiten, Aufgaben und Instrumenten gesegnet, um den Menschen und der Erde im aktuellen Transformationsprozess dabei zu helfen, sich aus den Gegenkräften des Kaliyugas zu befreien und das Licht der Seele zu aktivieren. Seit 2011 erhält er von Agastya dafür zudem sämtliche alchemistische Rezepturen.

SEGNUNG UND WARNUNG ZUGLEICH

In der geistigen Welt ist die Liebe und Gnade für die Menschheit sehr groß. Der Wunsch des Göttlichen ist es, dass so viele Menschen wie nur möglich den Aufstieg schaffen. Es will uns schützen und die großen Katastrophen verhindern, damit der Übergang für uns Menschen sanft und weitestgehend ohne Leid möglich wird. Um die drohenden Ereignisse abzumildern, haben wir aus der geistigen Welt bis zuletzt alle Unterstützung, die wir dafür brauchen.

Wir müssen dabei aber verstehen, dass die Zeit des Aufstiegs und die damit zusammenhängenden Entwicklungsmöglichkeiten, wie sie sich uns aktuell bieten, begrenzt sind. Wir tun gut daran, alle Ignoranz aufzugeben und mit der Natur zusammenzuarbeiten und ihre Art von Angebot anzunehmen, auch wenn dies vielleicht nicht der Art von Vorstellungen entspricht, die wir in Bezug auf Spiritualität bisher hatten. Die göttliche Kreativität lässt sich nicht in Vorstellungen pressen.

Die geistigen spirituellen Gesetzmäßigkeiten des Seelenbewusstseins lassen sich zudem nicht aus der Egoperspektive heraus verstehen. Solange wir noch glauben, es noch besser zu wissen, sind wir Gefangene unseres Egos. Es ist wesentlich herausfordernder sich um das rechte Verständnis zu bemühen und seine Perspektive vorwärts zu bewegen, als sich in die Sicherheit seiner alten Denkgewohnheiten zurückzuziehen. Wir sind aufgefordert, ein größeres Verständnis von den Zusammenhängen in der Natur zu entwickeln.

Es ist an dieser Stelle auch wichtig, zu verstehen, dass die Menschheit mit der Natur aus karmischer Sicht aktuell eine Art offene Rechnung hat. Denn, dass sich die Erde in dem Zustand befindet indem sie ist, haben wir Menschen durch die Ausbeutung der Erde und das Erzeugen von negativen disharmonischen Energiefeldern mitverursacht. Erst dadurch, dass wir seit vielen Jahrzehnten in einer einseitigen Beziehung mit der Erde leben und auf Kosten anderer Lebewesen mehr nehmen als geben, nur um die egoistischen menschlichen Bedürfnisse zu befriedigen, ist Mutter Erde aus ihrem energetischen Gleichgewicht geraten und hat große Schäden erlitten. Die Natur strebt immer nach energetischem Ausgleich. Dies ist notwendig, damit die energetische Balance und Harmonie im Universum wiederhergestellt und erhalten werden kann.

Nun sind wir Menschen an der Reihe, unsere offene Rechnung zu begleichen, indem wir aktiv werden, unser Verhalten gegenüber der Schöpfung ändern, in unser energetisches Gleichgewicht kommen und der Erde helfen, in ihres zu finden. Eine wunderbare Einladung und einzigartige Möglichkeit, bietet uns die Arbeit der 19 Siddhas.

Die Mitarbeit eines jeden Einzelnen wird zählen und darüber mitentscheiden, wie intensiv sich der Reinigungsprozess am Ende auf der physischen Ebene manifestieren wird. Jeder Mensch der bereit ist, Verantwortung zu übernehmen, und der mitwirkt, wird für die Erde und die Menschheit ein Segen sein. Es ist zum einen eine frohe und hoffnungsvolle Botschaft, doch zum anderen auch eine dringliche. Denn es bleibt nicht mehr viel Zeit! Die Rettung der Erde sollte für jeden Menschen zur Priorität werden. Denn es ist gleichzeitig unsere eigene.

WAS IST MAHA POORNA ATMA YOGA?

Ein wichtiges Instrument zur energetischen Reinigung unseres Bewusstseins, das von Agastya übermittelt wurde, ist «Maha Poorna Atma Yoga», was «Große Reinigung der Seele» bedeutet. Es ist zum einem eine Reinigungsfrequenz für das Bewusstsein und zum anderen eine sehr einfache Praktik.

Durch das Praktizieren von Maha Poorna Atma Yoga wird die energetische Ladung auf destruktiven Reaktionsmustern (Samskaras), die potenziell zu disharmonischen

Handlungen führen können, wie z. B. Wut, Scham, Schuld, Eifersucht, Neid, Ärger, Angst schrittweise gelöscht. Es wird es dem Menschen dadurch erleichtert, die destruktiven Reaktionsmuster abzubauen und inneren Frieden zu entwickeln. Innerer Frieden ist Voraussetzung dafür, dass sich Fülle und Freude im Leben manifestieren können. Er führt zu harmonischen Handlungen, die im Einklang mit der eigenen Natur sind.

Durch den Reinigungsprozess kehrt das Bewusstsein zudem in die Gegenwärtigkeit zurück und ermöglicht dem Menschen auf diese Weise einen dauerhaften Zugang zum natürlichen inneren Wissen der Seele und ihrer Kraft.

Agastya ließ über die Palmblattbibliothek mitteilen, dass durch die Praktik von Maha Poorna Atma Yoga, das Licht im individuellen und kollektiven Bewusstsein stark angehoben wird. Je mehr Menschen Maha Poorna Atma Yoga ernsthaft praktizieren, desto mehr werden das eigene energetische Gleichgewicht und das der Erde gestärkt.

In einer Initiierung durch von Agastya autorisierte Personen wird die Reinigungsfrequenz Maha Poorna Atma Yoga im Energiefeld des Menschen aktiviert. Nach der Initiierung erhält die initiierte Person eine Art Gebet, mit dem sie praktiziert und die Reinigungsfrequenz aktiviert. Die Natur beginnt dann mit der jeweiligen Person zu arbeiten.

Die Praktik von Maha Poorna Atma Yoga ist universell, sehr alltagstauglich, religionsunabhängig und für JEDEN ohne besondere Vorkenntnisse möglich. Weitere Informationen und Erfahrungsberichte über Maha Poorna Atma Yoga erhältst du unter: www.seelenreinigung.org

NEW ENERGY WORLD

Ich möchte das Medium dieses Buches nutzen, um an dieser Stelle «NEW ENERGY WORLD» vorzustellen und allen, die dieses Buch lesen, die wichtigen Hintergrundinformationen diesbezüglich zugänglich machen.

Als ich das erste Mal in Indien war, erhielt ich im Oktober 2013 von Agastya den Auftrag für NEW ENERGY WORLD zu arbeiten. Zu diesem Zeitpunkt stand ich dem Ganzen noch voller Zweifel gegenüber. Für mich war damals alles nur bedingt nachvollziehbar und ich war gleichzeitig auch eine große Kritikerin. Ich war einfach noch nicht in der Lage gewesen, die tiefgreifende Bedeutung dahinter zu verstehen. Damals spürte ich aber schon deutlich, dass NEW ENERGY WORLD für die Erde und die Menschen von entscheidender Wichtigkeit sein würde. Deshalb beschloss ich dafür zu arbeiten und darauf zu vertrauen, dass die richtigen Erkenntnisse zum richtigen Zeitpunkt kommen würden.

Während meines Aufenthalts in Indien arbeiteten wir an der Entwicklung der «MAHA-AURA-KARTE», die eine alchemistische Rezeptur beinhaltet, die verschiedene negative Energiefrequenzen, die von außen auf den Menschen einwirken wie u. a. Elektrosmog und Wasseradern neutralisiert.

Als ich im Februar 2014 aus Indien nach Deutschland zurückkehrte, besuchte ich eine Tante und einen Onkel von mir. Meine Tante arbeitete bis vor wenigen Jahren als Heilpraktikerin. Sie hat mit meinem Onkel zusammen ein Verfahren entwickelt, mit dem sie innerhalb kürzester Zeit den Gesundheitszustand eines Patienten ganzheitlich erfassen konnte. Ihre Praxis war sehr erfolgreich gewesen.

An einem Tag meines Besuches erlaubten sie mir einen Einblick in ihre Arbeit. Ich hatte seit ca. einem halben Jahr Symptome, die ich zuvor nicht gekannt hatte. Immer wenn ich bestimmte Atemübungen des Yogas praktizierte oder Treppen hoch- und runterlief, bekam ich ungewöhnlich schwer Luft. Ich wäre vermutlich nie darauf gekommen, dass ich eine Herzmuskelentzündung hatte. Diese war durch einen Virus verursacht worden, der durch einen Zeckenbiss übertragen worden war. In einer späteren Nachricht aus der Palmblattbibliothek bestätigte Agastya die Diagnose meiner Tante. Diese Nachricht bewies meinem inneren Kritiker, dass ihr Verfahren funktionierte.

Schon bei meiner Ankunft war ich erstaunt darüber, wie sehr sich meine Tante und mein Onkel mit dem Thema Elektrosmog auseinandersetzten. Überall in ihrem Haus waren zum Schutz vor Elektrosmog sämtliche Gerätschaften installiert, die der Markt zu bieten hatte. «Zufälligerweise» hatte ich eine MAHA-AURA-KARTE dabei. Da ich selbst wissen wollte, was mein Onkel zu dieser Karte sagen würde, fragte ich ihn, ob wir die Karte mit seinem Verfahren testen könnten. Er stimmte zu und so führten wir eine Testreihe durch. Was dabei herauskam, versetzte mich in Erstaunen. Zunächst fanden wir heraus, dass die Karte das menschliche Energiefeld mit Energie auflädt und im Radius von einem Meter vor negativen energetischen Einflüssen schützt. Dazu zählen zum einen Wasseradern, Currygitter etc., aber auch vom Menschen künstlich erzeugte Energiefrequenzen wie sie z. B. durch Mobilfunk verursacht werden. Wir konnten zudem herausfinden, dass durch die Karte innerhalb dieses Radius alle negativen Energien neutralisiert und harmonisiert werden und dass der Ort, auf den die Karte wirkt, lichtvoll wird. Des Weiteren konnten wir mit Hilfe seines Verfahrens messen, dass die Karte keinerlei energetische Nebenfrequenzen (vergleichbar mit Nebenwirkungen) erzeugt und dass sie hundert Prozent im Einklang mit der Natur arbeitet. Laut einer Nachricht von Agastya kann diese Karte sogar noch mehr.

Neben der MAHA-AURA-KARTE gibt es mittlerweile noch weitere Entwicklungen, die auf die Komplexität und Vielschichtigkeit der energetischen Ebene reagieren und sie transformieren.

Aufgrund der Testungen und dem Wissen, was ich in der folgenden Zeit erhielt, begann ich allmählich die große Segnung von NEW ENERGY WORLD zu verstehen. Mir wurde klar, dass wir als Menschheit die Chance erhalten, die Fehlprozesse, die wir in der Natur in Gang gesetzt haben zu korrigieren und die Energiefrequenz auf die des Satyayugas anzuheben. Da wir Menschen dies allein aus

eigener Kraft nicht mehr schaffen können, erhalten wir göttliche Hilfe.

Durch die alchemistischen Rezepturen können wir die energetische Ebene heilen und unser Lebensumfeld in lichtvolle und energetisch hochfrequente Orte verwandeln, die dem Satyayuga entsprechen. Dadurch wird das Gesamtgleichgewicht der Erde stabilisiert und es kann ein sanfter Übergang in das neue Zeitalter möglich werden.

Im Grunde genommen wird es uns in Anbetracht der Situation, unglaublich einfach gemacht, sie zum Positiven zu verändern. Es liegt an uns, ob wir diese Chance ergreifen und diese außergewöhnliche Art von Angebot annehmen oder ablehnen.

2015 erreichte unser Team die Nachricht, dass die Verbreitung der alchemistischen Rezepturen noch nicht frei gegeben wird. Sobald die Verbreitung der Rezepturen möglich ist, werden sie, eingearbeitet in alltagspraktische Produkte, auf der folgenden Homepage erhältlich sein: www.new-energy-world.org.

MAHANANDHA SIDDHA UND SRIRAMAN

5. Kapitel
Der neue kosmische Mensch

Das Bewusstsein des kommenden goldenen Zeitalters wird das Einheitsbewusstsein sein, in dem der Mensch mit sich, seinen Mitmenschen, der Erde und den Naturgesetzen in Harmonie, Frieden, Liebe und Einklang leben wird. Zwischen Nationalitäten und Religionen wird es keine Trennungen mehr geben. Die Menschheit wird zu EINER Nation. Bis es soweit ist, haben wir noch einen Weg vor uns. Zunächst sind wir aufgefordert, eine innere und äußere Wandlung zu vollziehen. Denn nichts, was nicht in der Liebe und im Frieden ist, wird in der Zukunft Bestand haben können. Es wird auseinanderbrechen oder sich gegen uns selbst richten. Wir sind aufgefordert alles in die Liebe zu führen.

Welche Tugenden lebt der neue Mensch und welche gilt es zu entwickeln, um zu einem Menschen der neuen Zeit zu werden? Wie kann der neue Mensch sein äußeres Leben gestalten, um mit der Natur in Einklang zu kommen? In diesem Kapitel wollen wir uns mit diesen Fragen zur inneren Orientierung auseinandersetzen.

Der bewusste Schöpfer

Im Satyayuga, dem goldenen Zeitalter, werden die höheren geistigen Kräfte wie Telepathie, Hellsichtigkeit, Hellfühligkeit etc. des Menschen wieder voll erwachen. Das bedeutet u. a., dass sich unsere Gedanken, die der Urgrund unserer Schöpfungen sind, viel schneller in der Realität verwirklichen werden, als sie es bisher tun. Denn eine höhere Schwingungsfrequenz des Menschen bedeutet, dass auch Gedanken und Emotionen spontaner werden und sich viel schneller manifestieren. Deshalb wird es wichtig sein, dass wir uns mit unserem eigenen Schöpfertum bewusst auseinandersetzen und durch innere Arbeit lernen, einen richtigen Umgang mit Gedanken und Emotionen zu finden. Lassen wir uns von unserer Emotionalität und unserem Gedankenkarussell nicht mehr aus unserer Mitte bringen, wird der Geist klar und die Lebensenergie fließt. Ein klarer Geist wird uns helfen, unser Inneres bewusst zu spüren und bewusst zwischen den Impulsen des Egos und den schöpferischen Impulsen der Seele zu unterscheiden. Diese Fähigkeit entspricht dem bewussten Schöpfer.

Was viele Menschen nicht wissen, ist, dass sie nicht Nicht-Schöpfer sein können. Wir manifestieren unsere Realität kontinuierlich, 24 Stunden am Tag, bewusst oder unbewusst. Welche Realität wir uns erschaffen, ist im Wesentlichen abhängig davon, welchen Impulsen wir aus dem Inneren nachgeben, d. h. den Impulsen des Egos oder denen der Seele.

Viele Menschen sind verunsichert in Bezug darauf, wie sich diese beiden Impulse voneinander unterscheiden lassen. Die Unterscheidung ist eigentlich ganz einfach. Handlungsimpulse aus dem Ego sind reaktiv, oft mit starker Emotionalität verbunden und beruhen auf einer persönlichen selbstzentrierten Perspektive. Sie sind meistens von Forderungen und Erwartungen begleitet. Folgen wir ihnen, führen sie zu Blockaden des Lebensflusses und halten das Bewusstsein im niederfrequenten Bereich. Handlungsimpulse aus der Seele hingegen entspringen der Liebe, des Mitgefühls und des Friedens und führen zu Transformation und Erweiterung des Bewusstseins. Sie verbinden uns mit unserem schöpferischen, kreativen Potenzial.

Die Seele kommuniziert über das Gefühl mit uns, nicht über die Emotion. Diese Unterscheidung ist wichtig. Während die Emotion das Innere aufwühlt, wird das Gefühl der Seele aus einem friedvollen, harmonischen und ruhigen inneren Zustand heraus spürbar.

Vom unbewussten zum bewussten Schöpfer

Menschen, deren Bewusstsein noch stark in der dritten Bewusstseinsdimension verankert ist, d. h. im Täter-Opferbewusstsein, sind sich nicht darüber bewusst, dass sie Schöpfer ihrer eigenen Realität sind. Aufgrund vergangener, nicht überwundener Verletzungen, reagieren sie aus den Impulsen ihres verletzten Egos und inszenieren die alten Dramen in der Gegenwart immer wieder aufs Neue. Jedes Mal, wenn wir auf die alte, gewohnte Weise reagieren, laden wir die alten Reaktionsmuster mit Energie auf und verstärken die energetische Bindung an Leidenskreisläufe.

Ein unbewusster Schöpfer ist sich nicht bewusst, dass es einen Unterschied zwischen Ego- und Seelenbewusstsein gibt. Deshalb weiß er auch nicht, dass er unterschiedlichen Impulsen aus dem Inneren folgen kann und darüber seine Realität bestimmt. Er weiß auch nicht, dass dem Nachgeben der verschiedenen Impulse unterschiedliche Konsequenzen auf sein Leben folgen.

Jeder Mensch kann lernen zu einem bewussten Schöpfer zu werden. Dies lernt man über Versuch und Irrtum. Der erste Schritt in diesem Lernprozess ist, zunächst einmal durch Selbstbeobachtung die Unterschiede zwischen den Gedanken, Emotionen, Gefühlen und Handlungsimpulsen der Seele und denen des Egos zu erkennen. Engegefühle und selbstzentrierte Perspektiven entspringen dem Ego. Eine universelle Sicht und Gefühle von Harmonie, Frieden und innerer Weite entstehen, wenn wir den Impulsen der Seele folgen.

Der zweite Schritt auf diesem Weg ist anzuerkennen, dass der Mensch selbst es ist, der seine Realität zu hundert Prozent erschafft. Egal, ob bewusst oder unbewusst, es unterliegt allein unserer Verantwortung und Entscheidung, welchen inneren Impulsen wir nachgeben und wie wir mit inneren und äußeren Situationen umgehen.

Dadurch können wir erkennen, dass wir selbst es sind, die die Realität ändern können, indem wir die Situation oder Perspektive verändern.

Projektionen als Spiegel der Selbsterkenntnis

Ein wichtiges Instrument auf der Reise zum bewussten Schöpfer und der Selbsterkenntnis ist die Außenwelt. Denn in jeder Situation sind wir Spiegel für andere und Gespiegelte zugleich. Der unbewusste Schöpfer erlebt sich als Opfer seiner Umstände. Er projiziert sein Inneres auf die Außenwelt und sucht dort Verantwortliche für sein Leid und Wohlbefinden. Der bewusste Schöpfer hingegen lernt, Projektionen als Instrument der Selbsterkenntnis zu nutzen. Ihm ist bewusst, dass die Quelle von Frieden, Verständnis, Liebe, Harmonie und Glück in ihm selbst liegt und dass es etwas in ihm selbst zu korrigieren gibt, wenn er diese in sich nicht erfährt und leidet.

Erkennen wir unsere Projektionen auf andere Menschen, entwickeln wir mit der Zeit immer mehr Unterscheidungskraft in Bezug darauf, wo und wie wir andere Menschen für unsere inneren Erfahrungen verantwortlich machen. Wenn wir in der Außenwelt z. B. Ablehnung erfahren, übernehmen wir dafür Verantwortung und fragen uns: Wie kreiere ich die Situation in meinem Leben? Wo lehne ich mich vielleicht selbst ab? Was ist mein Anteil, was ist der des anderen in dieser Situation? Wo bin ich mit mir selbst und meinem Gegenüber nicht in der Liebe?

Durch Übung kommen wir uns selbst immer schneller auf die Schliche und lernen immer besser zu differenzieren.

Glaubensmuster sind unbewusste Entscheidungen

Wenn wir verstehen, wie wir Lebenserfahrungen über unseren feinstofflichen Energiekörper verarbeiten, können wir die Achtsamkeit für unseren Selbsterkenntnisprozess noch weiter erhöhen.

Jede Erfahrung nehmen wir zunächst in Form von Informationen über die fünf Sinne in unser Energiefeld auf. Innerhalb von Millisekunden werden die eingehenden Informationen in einer Art Suchprozess mit den im Energiefeld gespeicherten Informationen abgeglichen. Geht eine dieser Informationen mit einer Gespeicherten in Resonanz, wird sie energetisch in Schwingung versetzt und es werden die mit ihr verbundenen Emotions- und Gedankenmuster aktiviert. Diese steigen dann als Energiewellen ins Bewusstsein auf und lösen dort eine Wirkung aus. Wenn unsere «inneren Knöpfe» getriggert werden, d. h. Themen die emotional beladen sind, spüren wir z. B. Unruhe, Ärger, Angst, Neid, Eifersucht etc. Verbinden wir uns mit diesen Emotionen setzen wir in unserem Bewusstsein eine Reaktionskette in Gang. Das ursprünglich ruhige und beobachtende Bewusstsein vermischt sich dabei mit der aufwühlenden emotionalen Energie. Wir verlieren die beobachtende Neutralität gegenüber einer Situation und verurteilen und verzerren sie durch unsere verletzten Gedanken und Gefühle. Diese Verzerrungen enthalten das

Potenzial, dass wir auf die uns begegnende Situation mit unangemessenen und disharmonischen Verhaltens- und Reaktionsweisen reagieren.

An diesem Punkt wird auch die Intuition, die uns aus dem Inneren führt, verzerrt und wir verlieren die innere Klarheit. Es gibt viele Menschen, deren mentale Aktivität ein Leben lang schon so aktiv ist, dass sie den inneren beobachtenden neutralen Standpunkt noch nie erfahren haben. Deshalb glauben sie auch, dass das reaktive Denken und Verhalten normal sei.

Bleiben wir uns unserer Schöpfungen unbewusst, werden wir bezüglich unserer Reaktionen zu Wiederholungstätern und verstärken die damit verbundenen Konflikte. An diese ist der Mensch solange gebunden, bis er bereit ist, seinen Blickwinkel zu verändern. Oftmals werden wir durch Krisen, die innere Leidenszustände intensivieren, aufgefordert, eine Korrektur vorzunehmen und unserem Leben eine neue Richtung zu geben. Viele Menschen bewegen sich in ihrer inneren Entwicklung erst dann, wenn der innere Schmerz groß genug geworden ist. Aus dieser Perspektive betrachtet, ist der Schmerz ein großer Segen. Er verhindert, dass wir uns in unseren alten Gedankenmustern und Verhaltensweisen bequem einrichten.

Im Grunde genommen sind unsere alten Reaktionsmuster Lösungsversuche aus der Vergangenheit, die wir in der Gegenwart unbewusst anwenden, um mit bestimmten Lebenserfahrungen umzugehen. Viele dieser Lösungsversuche haben wir in der Kindheit erlernt. Sie waren zum damaligen Zeitpunkt notwendig, um uns vor seelischem Schmerz zu schützen. Das Problem dabei aber ist, dass wir diese noch immer in der Gegenwart anwenden, auch, wenn sie einer Situation nicht angemessen sind. Reagieren wir auf Situationen unangemessen, laden wir Konflikte und Misserfolg in unser Leben ein. Die gute Nachricht ist, dass wir unsere Perspektiven verändern und dadurch lernen können, mit Situationen harmonischer umzugehen. Ein Beispiel soll dies verdeutlichen:

Marie hat während ihrer Kindheit von ihrem Vater oft zu hören bekommen, dass er lieber einen Jungen als ein Mädchen gehabt hätte. Aufgrund seines unerfüllten Wunsches und der damit verbundenen Unzufriedenheit hat er Marie oft klein gemacht und verbal erniedrigt. Diese Ereignisse waren für Marie traumatisch. Sie haben sich emotional und mental in Form von negativen Glaubenssätzen tief in ihr Unterbewusstsein eingebrannt. Einer ihrer unbewussten Glaubenssätze lautet: «Ich bin es nicht wert geliebt zu werden.» Als Kind hat das dazu geführt, dass sie sehr schüchtern war und den Kontakt mit anderen Menschen gemieden hat. Ihre Angst dahinter war, sie könnte verletzt und zurückgewiesen werden. Als erwachsene Frau ist es für sie nach wie vor eine Qual, im sozialen Austausch zu sein. Im Kontakt mit anderen Menschen fühlt sie sich schnell zurückgewiesen und ungeliebt. Dies führt immer wieder dazu, dass sie sich isoliert und unglücklich ihr Dasein fristet.

Eines Tages erkennt Marie, dass sie so nicht weiterleben möchte. Sie will etwas an ihrer Situation verändern. Sie kann erkennen, wie schnell sie sich abgelehnt fühlt und sieht die damit zusammenhängenden Ängste und Selbstunsicherheiten. Sie weiß aber, dass sie Inspiration und Hilfe braucht, um aus ihrer Situation herauszukommen.

In einer Bücherei findet sie ein inspirierendes Buch, in dem sie wertvolle Ratschläge erhält, wie sie ihre Schüchternheit und Ängste überwinden kann. Zudem findet sie einen liebevollen Therapeuten, der ihr als gutes Gegenüber hilft, die Perspektive in Bezug auf sich selbst zu verändern. Mit der Zeit lernt sie sich selbst anzunehmen und mehr zu lieben. Mit viel Geduld stellen sich nach einiger Zeit die ersten Erfolge ein. Sie findet eine Freundin, mit der sie beginnt sich regelmäßig zu treffen.

Unsere falschen Glaubenssätze haben wir meistens unreflektiert von unseren Eltern, aber auch von einem Schulsystem übernommen, dass unserer inneren Wahrheit oft nicht entspricht. Viele Menschen glauben bedingungslos was ihnen vermittelt wurde und gestalten ihr Leben aus diesen konditionierten Perspektiven. Wenn ich z. B. dem unbewussten Glaubenssatz folge, dass ich nicht liebenswert bin, werde ich immer wieder Situationen kreieren, die diesem Glaubenssatz entsprechen und ihn bestätigen.

Auf unserem Weg zu einem bewussten Schöpfer, brauchen wir nun noch einen weiteren wichtigen Schlüssel. Mit seiner Hilfe können wir Glaubenssätze verändern und in eine harmonischere Perspektive führen, die im Einklang mit der Seele und der göttlichen Weisheit sind.

Dafür müssen wir verstehen lernen, dass Glaubenssätze aufgrund unbewusster Entscheidungsprozesse entstehen. Wir haben uns vor allem in der Kindheit und in der Schule unbewusst entschieden, negative Perspektiven, in Bezug auf uns selbst und das Leben zu übernehmen und an diese zu glauben. Diese unbewussten subtilen Entscheidungen aus der Kindheit beeinflussen uns teilweise bis weit ins Erwachsenenalter hinein. Sie üben solange einen Einfluss auf uns auf, bis wir erkennen, wie sie uns begrenzen. Dann irgendwann reicht es uns und wir beginnen hinter die Fassaden zu schauen und all die Unwahrheiten und Halbwahrheiten zu erkennen und aufzudecken, die uns eingetrichtert wurden. Wir fangen an, uns aus der Enge zu befreien, und das Leben aus einer höheren und wahrhaftigeren Perspektive zu betrachten.

Haben wir einmal begriffen, dass wir selbst diejenigen sind, die sich mit der Wahl der Gedanken verletzen oder heilen können, dann wird der gedankliche Perspektivwechsel mit der Zeit schneller, leichter und spielerischer. Wir erkennen, dass wir Gedanken austauschen können und uns dadurch eine neue Realität erschaffen. Zunehmend beginnen wir, uns zudem mit den positiven schöpferischen Gedanken und Gefühlen der Seele zu identifizieren und treffen bezüglich unserer Reaktionen eine Wahl, die auf Liebe, Freude, Frieden, Vergebung und Harmonie basiert.

Wenn uns Ideen in Bezug darauf fehlen, wie wir mit einer Situation heilsamer und harmonischer umgehen können, können wir uns z. B. durch Bücher Inspiration holen. Wir können aber auch Seminare besuchen oder andere Menschen als Vorbilder nehmen, die die Qualität, die wir uns zu entwickeln wünschen, bereits entwickelt haben. Der Kreativität in Bezug auf unseren Lernprozess sind keine Grenzen gesetzt.

An dieser Stelle ist auch noch der richtige Umgang mit den Emotionen, vor allem den Intensiven zu klären, damit wir die Klarheit unseres Bewusstseins kontinuierlich aufrechterhalten können. Emotionen werden durch Gedanken erzeugt. Wenn sie auftauchen, sind sie nun einmal da und wir können sie nicht einfach ins Unterbewusstsein zurückdrängen. Denn tun wir dies, wirken sie wie radioaktiver Müll der strahlt und uns Verdrängungsenergie und damit Lebensenergie kostet. Es ist wichtig, die emotionale Energie ins Bewusstsein aufsteigen zu lassen, sich zu erlauben, sie zu fühlen und sie liebevoll anzunehmen. Wenn es uns dabei gelingt, unbeteiligt zu sein und ein Beobachter in der inneren Bewegtheit zu bleiben, bleibt das klare Bewusstsein unberührt. Die kraftzehrenden Reaktionsketten, die aus einer Vermischung von Bewusstsein, Gedanken und Emotionen entstehen, werden nicht verstärkt. Auf diese Weise erlauben wir den Emotionen durch uns hindurchzufließen und sich aufzulösen.

Drei Manifestationsebenen im Schöpfungsprozess

Es gibt drei Ebenen der Schöpfung, durch die wir unsere Realität manifestieren. Wenn wir uns dieser bewusst werden, können wir die innere Beobachtung und Bewusstheit noch weiter differenzieren und größere Achtsamkeit entwickeln. Diese drei Ebenen heißen Gedanke, Wort und Handlung.

Die subtilste Form unserer Schöpfungen stellen unsere Gedanken dar. Alles, was uns in der Außenwelt begegnet, ist im Grunde genommen sichtbar gewordener Gedanke. Geist formt Materie. Beispielsweise entstand jedes Haus, das von einem Architekten erbaut wurde, zunächst aus einem kreativen Gedanken.

Die Qualität der Gedanken spielt im eigenen Schöpfungsprozess eine entscheidende Rolle. Gedanken können entweder egoistisch oder seelisch schöpferisch motiviert sein. Gedanken, die ihren Ursprung im Ego haben, sind in ihrer Perspektive begrenzt und selbstbezogen und begleitet von Emotionen wie z.B. Wut, Ärger, Eifersucht, Minderwert, Neid, Lustbefriedigung etc. Gedanken. Die der Seele entspringen sind hingegen freilassend, selbstlos, liebend, verständnisvoll, bedingungslos, mitfühlend, friedvoll, freudvoll, das Allgemeinwohl mit einbeziehend und kreativ.

Durch Worte und Handlungen werden unsere gedanklichen Motive in der äußeren Welt sichtbar und bekräftigt. Die Handlung hat dabei die stärkste Ausdruckskraft. Sie zieht auch die größten Konsequenzen nach sich: positiv wie negativ. Wenn ein Mensch z. B. im stillen Kämmerlein daran denkt, einem anderen nach seinem Leben zu trachten, wird das im Außen keine Konsequenzen haben. Verwirklicht er diesen Gedanken, wird er wegen Mordes angeklagt und muss ins Gefängnis. Im positiven Sinne: wenn jemand daran denkt, hungernden Kindern zu helfen und diesen Gedanken umsetzt, wird er das Leben vieler Menschen retten und zum Guten verändern können. Bleibt es hingegen nur ein stiller Gedanke, wird im Außen keine positive Veränderung stattfinden.

Wir können den Schöpfungsprozess verändern

Auf allen drei Ebenen der Schöpfung haben wir die Möglichkeit, uns unserer selbst bewusst zu werden und den Manifestationsprozess zu verändern und ihn in eine für uns günstigere Richtung zu lenken. Dies ist vor allem wichtig, wenn wir bisher vorwiegend den Impulsen des Egos gefolgt sind. Erkennen wir z. B. unsere negativen egomotivierten Gedankenmuster rechtzeitig, können wir verhindern, dass wir sie durch Worte und Handlungen bekräftigen und in der Außenwelt manifestieren, indem wir z. B. jemand anderen verletzen.

Eine sehr wirkungsvolle Methode, um Verhaltens- und Gedankenmuster zu verändern, ist meines Erachtens eine Methode die Neale Donald Walsh in seinem Buch «Gespräche mit Gott - Bd. I» vorstellt. Danach wird der Schöpfungsprozess einfach umgekehrt. Auf geistiger mentaler

Ebene entwickeln wir eine Art Vision bzw. Idee davon, wie wir in Zukunft auf eine bestimmte Situation zu reagieren wünschen. Wir malen uns bis ins Detail bildlich aus wie wir denken, fühlen und handeln würden. Diese Vision nähren wir mit Energie, indem wir in der Außenwelt reden und handeln, als hätten wir das neue Verhalten schon längst entwickelt. Dadurch betreten wir in der Innen- und Außenwelt einem neuen Erfahrungsraum. Wenn wir mehrmals erleben, dass unsere neue Verhaltensweise zu Erfolg führt und uns und anderen ein mehr an Freude, Harmonie und Liebe bringt, werden wir darin bestärkt, die alten Fahrwasser zu verlassen und einen neuen Weg einzuschlagen.

Zu Beginn erfordert diese Methode etwas Geduld und Disziplin. Man kann zunächst das Gefühl haben, sich selbst etwas vorzumachen und nicht authentisch zu sein. Dieses Gefühl verschwindet aber spätestens dann, wenn man merkt, dass die Methode funktioniert und zu den gewünschten Veränderungen führt.

DIE HEILUNG DER WEIBLICHEN ENERGIE

Jeder Mensch trägt weibliche (Yin) und männliche (Yang) Energien in sich. Die weibliche Energie steht für das SEIN, das in sich Ruhende, die Leere, Heilung, Entspannung, die Intuition, das Fürsorgliche, die Spiritualität und das Mystische in uns. Die männliche Energie steht für Bewusstsein, Rationalität, Zielgerichtetheit, Unabhängigkeit und Tun.

Die Frau trägt prozentual betrachtet einen höheren Anteil der weiblichen Energie in ihrem Bewusstsein. Der Mann einen höheren Anteil der männlichen Energie. Für eine ausgeglichene und ganzheitliche Lebensweise braucht es die Harmonie und Integration beider Energien in unserem Bewusstsein.

In den letzten Jahrhunderten hat überwiegend die männliche Energie das Weltgeschehen dominiert. Dies zeigt sich auch heute noch in der Unterdrückung der Frauen, die über lange Zeit vorherrschend war und nach wie vor weltweit geschieht. Frauen wurden und werden teilweise noch immer als Besitztümer des Mannes betrachtet und mussten und müssen immer noch viel Leid ertragen. Dies wurde besonders durch die Machtansprüche der Kirche und die anderer Religionen im großen Ausmaß mitverursacht. Die weiblichen Qualitäten waren ein Angstobjekt der religiösen Hoheiten und sollten z. B. im Christentum durch die Hexenverbrennung ausradiert werden.

Mit der Emanzipation in den 70er Jahren haben Frauen in den europäischen Ländern eine Bewegung gestartet, die ihnen half, sich zumindest teilweise aus den dominierenden männlichen Strukturen zu befreien. Diese Entwicklung war zur damaligen Zeit von großer Bedeutung und notwendig gewesen. Was jedoch passierte und sich bis heute auf das Bewusstsein der Frauen auswirkt, ist, dass sich die Frau an den Werten des Mannes orientiert, anstatt sich auf ihre urweibliche Yin-Essenz zu besinnen und ihre wahre Stärke als Frau zu leben. Sie ist mit dem Mann in Konkurrenz getreten und hat sich dem Yang-Rhythmus des Mannes angepasst.

Das hat die Frauen leider nicht wirklich befreit. Bis heute unterdrücken viele Frauen ihre Yin-Essenz oder lehnen sie ab. Sie verausgaben sich in der äußeren Welt, statt sich ihrer eigenen wundervollen Qualitäten bewusst zu werden und sie in ihrem Bewusstsein zu integrieren. Viele Frauen spüren eine innere Leere und Sehnsucht nach etwas, das sie nur schwer beschreiben können. Es ist mitunter die Sehnsucht nach ihrer ursprünglichen weiblichen Essenz.

Wir Frauen sind dringend aufgefordert unsere ursprüngliche weibliche Kraft wiederzuentdecken und sie zu leben. Denn dadurch können wir zur Lehrerinnen der weiblichen Qualitäten werden, die für die eigene Heilung und die der Erde dringend benötigt werden. Der Mann hingegen ist aufgefordert, in seine ursprüngliche männliche Kraft zu kommen und dabei gleichzeitig die weiblichen Anteile zu integrieren.

Es ist wichtig zu akzeptieren, dass Männer und Frauen unterschiedlich sind, aber gleichwertig in ihren spezifischen Qualitäten. Beide Qualitäten sind wertvoll für das energetische Gleichgewicht. Dadurch kann auch in der Mann-Frau-Beziehung ein gesundes Spiel der polaren Energien aufleben.

Im neuen Zeitalter werden die männliche und die weibliche Energie wieder in Harmonie sein.

DIE ARBEIT MIT DEM INNEREN KIND

Das innere Kind in uns repräsentiert eine Instanz des Bewusstseins, die einerseits gekennzeichnet ist, durch das Spielerische, Spontane, die Kreativität, Lebensfreude und Emotionalität in uns, andererseits aber auch durch die Verletzungen der Vergangenheit.

Kinder wollen bedingungslos geliebt und angenommen werden und sich in ihrer Kreativität und Ursprünglichkeit frei ausdrücken können. Doch das zu leben ist in unserer Gesellschaft nicht leicht. Viele Generationen vor uns haben ihre Ursprünglichkeit nicht leben dürfen und wurden durch gesellschaftliche Moral geprägt, die von Generation zu Generation und über Jahrhunderte weitergegeben wurde. Dadurch fehlten Vorbilder in Bezug darauf, wie Ursprünglichkeit überhaupt gelebt werden kann. Wir können unseren Eltern diesbzgl. keine Vorwürfe machen. Sie wussten es selbst nicht besser und hätten es mit Sicherheit besser gemacht, wenn sie es besser gewusst hätten.

Es ist die aktuelle Generation, die aufgefordert ist, die Entwicklung in die eigene Ursprünglichkeit zu vollziehen, d. h. Unwahrheiten aufzudecken, alle falschen Glaubenssätze zu korrigieren und sich von Moral zu befreien.

Für den Heilungsprozess kann es wichtig sein zu verstehen, welche Dynamiken in uns durch Moral und Unterdrückung entstanden sind, um uns ihrer bewusst zu werden und sie zu heilen. Wie bereits erwähnt, sehnt sich jedes Kind nach Liebe. Bedingungslose Liebe ist die Nahrung, die das Kind am Leben hält. Die meisten von uns haben während ihrer Kindheit einen Mangel an Liebe erfahren und durch Lieblosigkeit traumatische Erfahrungen gemacht. Dadurch sind in uns Urverletzungen entstanden, die sich tief in unserem Unterbewusstsein eingegraben haben. Aufgrund des Mangels an Liebe ist in vielen Menschen eine Art bedürftiger und fordernder Anteil nach Liebe und Anerkennung entstanden, der, wenn er nicht geheilt wird, bis ins hohe Erwachsenenalter wirkt und Abhängigkeiten in Beziehungen erschafft. Denn da wir innerlich nicht genährt sind, glauben wir im Außen danach suchen zu müssen.

Leider müssen wir durch Enttäuschungen in Beziehungen immer wieder feststellen, dass die bedürftigen Anteile in uns keine gute Grundlage für eine Beziehung sind und die Beziehung langfristig scheitern muss, wenn wir diese nicht heilen. Wir dürfen erkennen, dass wir unseren Partner nicht für das eigene Glück verantwortlich machen können, sondern es in uns selbst suchen müssen. Und das ist auch gut so. Denn wir werden dadurch aufgefordert, alle verletzen Emotionen, Minderwertigkeits-, Schuld,- und Schamgefühle, die durch diesen Mangel in uns entstanden sind zu heilen und die Quelle für Liebe in uns selbst zu finden.

Liebe ist geben und nicht nehmen. Das verletzte innere Kind fordert Liebe ein und hat mit starken Minderwertigkeitsgefühlen zu kämpfen. Das geheilte innere Kind hingegen verschenkt sich in Liebe und empfängt sie als selbstverständlicher und natürlicher Bestandteil des Lebens. Haben wir diesen Heilungsprozess vollzogen, leben wir aus einem Gefühl der Ganzheit und sind in der Lage, uns selbst zu nähren und freie ursprüngliche schöpferische Wesen zu werden.

In den letzten Jahrhunderten blieben aufgrund dieser Dynamiken viele Talente, die dem geheilten und kreativen inneren Kind entspringen, unbelebt und standen der Welt nicht zur Verfügung, um sie bunt und freudvoll zu machen. Wir sind jetzt in einer Zeit angekommen, in der wir dringlich eingeladen sind, unsere Talente zu entdecken und zur Entfaltung zu bringen, um das große Ganze mit ihnen zu bereichern.

Eltern der nächsten Generation sind zu einer neuen Form von Erziehung aufgefordert. Eine Erziehung, die dem Kind nicht von außen etwas aufstülpt, sondern die das Innere des Kindes auf natürliche Weise nach außen kehren lässt und es liebevoll in seiner Ursprünglichkeit fördert. Die Heilung und Integration des inneren Kindes führt uns zu Lebenskraft, Integrität und Authentizität und ist in der heutigen Zeit von großer Bedeutung. Die aktuelle Welt ist voll von verletzten Kindern, was verhindert, dass die Welt zu Frieden finden kann.

ANHAFTUNGSLOSIGKEIT UND LOSLASSEN

Alle unsere inneren Leidenszustände basieren im Grunde genommen auf Anhaftung. Das Innere hält an etwas fest und kann den Fluss des Seins nicht zu- und geschehen lassen. Das Festhalten bezieht sich auf Gefühle, Gedanken, Sexualität, Geld, Image, Angst, Verletzungen, Gewohnheiten, Menschen etc..

Aus der Anhaftung resultiert dann Leid, wenn wir entweder mit Widerstand oder mit Verlangen reagieren. Widerstand entsteht, wenn wir eine bestimmte Situation abwehren und die mit ihr verbundenen Gefühle und Gedanken nicht akzeptieren und annehmen können und es in uns kämpft. Mit Verlangen reagieren wir, wenn wir Erfahrungen wiederholbar machen wollen, die angenehme Gefühle in uns erzeugt haben und bemerken, dass diese sich nicht wiederholen lassen. Je stärker der innere Kampf bzw. das Verlangen, desto stärker sind wir an den Konflikt gebunden und desto intensiver leiden wir.

Eine Haupteigenschaft von Energie ist, dass sie fließen will. Es gibt eine Art natürlichen Lebensfluss, der zu fließen beginnt, wenn wir in unserer Mitte sind. Es fühlt sich an, als würden wir mit Leichtigkeit von Ereignis zu Ereignis getragen werden. Sobald wir jedoch an etwas anhaften, kommt der Energiefluss ins Stocken und es bauen sich energetische Blockaden auf, die die Lebensenergie einfrieren.

Viele Menschen haften teilweise jahrzehntelang an Umständen, Vorstellungen oder anderen Menschen an, obwohl sie ihrer Entwicklung schon lange nicht mehr dienlich sind und nicht ihrer tiefen inneren Wahrheit entsprechen. Auf diese Weise ist ihre kreative Lebensenergie wie erstarrt und sie fühlen sich unglücklich.

Jeder Mensch kann lernen Anhaftungen loszulassen. Zunächst einmal, indem er sie erkennt. Erkennen kann er sie, wenn er spürt, dass er leidet. Denn dann ist er nicht im Einklang mit sich selbst. Irgendwo in ihm haben sich Erwartungen oder Gedankenmuster eingeschlichen, an denen er festhält und die ihn in einen schmerzverursachenden Zustand manövrieren. Eigentlich sind es nur die Gedanken, die mit dem Nicht-Akzeptieren-Können verbunden sind, von denen wir uns gestört fühlen und unter denen wir leiden.

Die Paradoxie ist, dass sich die gewünschte Veränderung oft dann einstellt, wenn wir unser Denken verändern und in die Akzeptanz unserer Situation finden. Akzeptieren was ist, heißt nicht, dass wir zu Nichtstuern werden und alles hinnehmen. Es bedeutet in Wahrheit, unser Bestes zu geben, wenn es darum geht, unsere innere Situation zu verbessern. Gleichzeitig aber auch zu akzeptieren und nicht frustriert zu sein, wenn sich das Gewünschte zum jetzigen Zeitpunkt nicht einstellt.

Die meisten Menschen haben Angst vor Veränderungen. Dies ist einer der Hauptgründe dafür, dass sie an äußere Umstände anhaften. Veränderung aber ist ein fester und natürlicher Bestandteil des Lebens. Sie wird geschehen, ob wir das wollen oder nicht. Denn, wenn eins in dieser Welt sicher und gewiss ist, dann, dass nichts bleiben wird, wie es jetzt ist. Erfahrungen und Menschen werden kommen und gehen. Der aktuelle Lebenszustand wird sich verändern entweder schleichend oder plötzlich.

Stellen wir uns der Angst davor, können wir sie transformieren.

Das Akzeptieren von Veränderungen ist der Schlüssel dafür, dass wir unser Leben von Anhaftungen befreien. Denn akzeptieren wir Veränderungen, geben wir den Drang auf, unser Leben kontrollieren zu müssen. Wir fließen mit dem und antworten auf das, was ist, und lassen zu, dass uns eine höhere Kraft führt, die größere Weisheit und größeres Wissen als wir selbst besitzt. Das führt dazu, dass wir uns in das Leben vertrauensvoll hineinentspannen können und genießen können, was jetzt ist, ohne daran anzuhaften.

Wir erhalten in diesem Prozess die Chance zu lernen, dass nichts, was uns im Leben begegnet, selbstverständlich ist und auch, dass uns nichts gehört. Alles was uns im Leben begegnet, kommt als Leihgabe zu uns, bleibt eine Weile und wird wieder gehen, durch Trennung zu Lebzeiten oder durch den Tod. Wenn wir lernen, diesen natürlichen Prozess der Natur zu bejahen und mit ihm zu fließen, beginnen wir die Augenblicke der Gegenwart zu genießen und dankbar und demütig für das zu sein, was JETZT in unserem Leben ist. Und wenn dann der Tag des Abschieds kommt, weil ein Zyklus endet, sind wir bereit, los- und freizulassen und in einen neuen Lebensabschnitt hineinzufließen, in Dankbarkeit und Anerkennung für alles das, was ist und war.

Der innere Beobachter

Der «innere Beobachter» ist ein besonderer Erfahrungsraum im Inneren eines Menschen. Mit seiner Hilfe lernen wir, die sich ständig verändernden mentalen und emotionalen inneren Bewegungen wie einen Film aus der Distanz heraus wertfrei zu betrachten. Der innere Beobachter ist besonders wichtig, wenn es darum geht, zwischen dem Ego- und Seelenbewusstsein zu unterscheiden und hartnäckige Gedanken- und Verhaltensmuster zu erkennen und zu verändern.

Unsere destruktiven und oft unbewussten Reaktionsmuster sind auf energetischer Ebene vergleichbar mit Holzstücken, die wir in ein brennendes Feuer werfen. Dadurch, dass wir immer wieder auf die gleiche Weise reagieren, füttern wir die Energie des Feuers. Auf diese Weise halten wir es am Brennen. Erst wenn wir lernen, im inneren Beobachter zu ruhen und aufhören, auf die alte, uns bekannte Weise zu reagieren, werfen wir kein Holz mehr nach und entziehen dem Feuer seine Energie. Infolgedessen erlischt es.

Das Geheimnis zur Auflösung alter Reaktionsmuster und Wunden liegt darin, ihre Energie aufsteigen zu lassen und gleichzeitig unberührt von ihr zu bleiben. Sie steigt auf. Wir beobachten sie. Wir spüren sie. Wir lassen sie da sein, ohne sie zu unterdrücken, ohne sie abzulehnen oder uns von ihr gestört zu fühlen und entscheiden uns bewusst dagegen, dem destruktiven Reaktionsdrang nachzugeben.

Wir reagieren einfach nicht. Denn wir wissen, dass, wenn wir den destruktiven Impulsen des Egos folgen, in uns und in zwischenmenschlichen Beziehungen Disharmonie kreieren. Wenn wir Standhaft bleiben und aufhören, die alten Dramen mit Energie zu nähren, werden sie schwächer und lösen sich irgendwann auf.

Der innere Beobachter schiebt sich in diesem Zusammenhang zwischen die Situation und die im Normalfall unmittelbare, automatische Reaktion auf diese. Im Inneren eines Menschen kreiert er einen zeitlichen und räumlichen Abstand, durch den wir die Möglichkeit erhalten, unsere Denk- und Reaktionsmuster aus der Distanz zu betrachten und zu reflektieren. Dadurch können wir sie durchschauen und erhalten die Freiheit, unsere Reaktionen und Blickwinkel auf Erfahrungen bewusst und frei zu wählen. D. h. wir entscheiden, ob wir die alten Dramen wiederholen wollen oder eine heilsamere Reaktion wählen. Den inneren Beobachter können wir durch Achtsamkeit und Meditation stärken.

Auf dem Weg zu harmonischeren Reaktionen kann es passieren, dass wir anfangs in alte Muster zurückverfallen und eine Zeit lang zwischen destruktiven und konstruktiven Verhaltensmustern hin- und herpendeln. Das ist normal und gehört zum Lernprozess dazu. Jeder scheinbare Rückfall ist in Wirklichkeit ein Fortschritt, denn er liefert uns wichtige Erkenntnisse und Hinweise über uns selbst und unsere Reaktionen. Durch Rückfälle werden wir geistig stärker, um den Gegenkräften aus dem Inneren in

Zukunft immer besser zu widerstehen. Wir entwickeln zudem zunehmend mehr Unterscheidungskraft, die uns dabei hilft, Unbewusstheit in Bewusstheit und Unwissenheit in Wissen und Weisheit zu verwandeln. Wichtig ist, sich nicht unterkriegen zu lassen und beständig und geduldig weiter zu üben. Es wird der Tag kommen, an dem wir die destruktiven Anteile in uns gemeistert und damit die Meisterschaft über uns selbst erlangt haben werden.

DER NEUTRALE STANDPUNKT

Der neutrale Standpunkt entsteht, wenn wir im inneren Beobachter ruhen. Er ist frei von Wertung und existiert jenseits von Polarität. Im neutralen Standpunkt sind wir reines SEIN, in uns ruhend, nicht bewertend, beobachtend, friedvoll, wahrnehmend und bedingungslos annehmend in Bezug auf das, was ist. Er ist der dritte Standpunkt, der entsteht, wenn wir im Gleichgewicht sind. Aus ihm heraus betrachten wir unsere Erfahrungen gleichmütig ohne Wertung. Das Bewusstsein bleibt von den Bewegungen des inneren und äußeren Lebens ungestört. Letztendlich ist es der urteilende Verstand, der Erfahrungen wertet und in positiv und negativ einteilt und so ein Feuerwerk an emotionaler und mentaler Bewegung entfacht.

Der neutrale Standpunkt existiert jenseits der mentalen und emotionalen Aktivität. Aus ihm heraus ist jede Erfahrung, die wir im Leben machen, vollkommen. Dabei ist es egal, ob sie angenehmer oder unangenehmer Natur ist. Aus seiner Sicht gibt es nur die reine Erfahrung und die mit der Erfahrung verbundene Lektion. Der Sinn aller Erfahrungen ist es letztendlich, die individuelle Seele zu mehr Reife, Wachstum, Erkenntnis und Weisheit zu führen.

Der neutrale Standpunkt ist ein Optimist. Er ist voller Weisheit. Er weiß, dass am Ende immer alles gut sein wird, egal was für Erfahrungen wir zuvor durchlaufen haben. Denn er weiß, dass Erfahrungen nur dazu dienen, damit wir wachsen können. Der neutrale Standpunkt ist gleichzeitig der göttliche Standpunkt.

Jenseits von Gut und Böse

Jeder Mensch hat in seinem Leben schon einmal erfahren, dass unangenehme Situationen, die ihm zunächst schlimm erschienen, sich in Zukunft als Segen entpuppten. Z. B. kann ein Streit, den wir mit jemand gehabt haben und den wir subjektiv zunächst als furchtbar empfinden, durch die Kraft der Klärung und Vergebung zu größerer Nähe, Wachstum und Verbundenheit in der Beziehung führen. Oder wir haben zu einem bestimmten Zeitpunkt nicht erhalten, was wir uns wünschten, und erkennen erst später, wie gut es war, dass wir es nicht bekommen haben.

Wenn wir in dem Verständnis leben, dass auch unangenehme Erfahrungen viel Reichtum in sich beinhalten, dann sind wir bereit, sie anzunehmen, können friedvoll bleiben, positive Rückschlüsse aus ihnen ziehen und darauf vertrauen, dass es seinen Sinn hat, warum wir die Situation erleben, wie wir sie erleben. Auch, wenn uns der Sinn zu einem bestimmten Zeitpunkt nicht klar ist.

Ich möchte an dieser Stelle eine Geschichte teilen, die ich einmal bei einem Satsang von dem wunderbaren Mooji in einem youtube Video gehört habe. Sie verdeutlicht, wie unangenehme Erfahrungen aus Sicht des neutralen Standpunkts zu einem Segen werden können:

Die Geschichte vom Reiter

Ein König lebt in seinem Schloss und liebt das Reiten. Eines Tages rutscht er aus, fällt zu Boden und bricht sich den Arm. Das bedeutet, dass er erst einmal nicht reiten kann. Er ruft seinen Berater zu sich, jammert und klagt und fragt diesen nach dem Grund des Geschehens. Der Berater gibt dem König daraufhin eine Antwort, die dem König nicht gefällt, und so kommt es, dass er voller Zorn seinen Berater in den Kerker einsperren lässt.

Eines Tages hält der König die Situation, in der er zur Untätigkeit verdammt ist, nicht mehr aus. Er vermisst das Reiten und das damit verbundene Freiheitsgefühl. Und so setzt er sich über seine Situation hinweg, steigt trotz gebrochenen Armes auf sein Pferd und reitet hinaus über Feld, Wiesen und Wälder. Er reitet weiter und weiter bis in für ihn unbekanntes Gebiet.

Auf einmal wird er gestoppt. Eine Horde Wilder stellt sich ihm in den Weg, umzingelt ihn und bedroht ihn mit Speeren. Sie nehmen den König und sein Pferd gefangen und bringen ihn in ihr Dorf. Dort stecken sie den König in einen Käfig, in dem er tagelang eingesperrt ist. In dieser Zeit bekommt er mit, dass er als Opfermahlzeit für einen ihrer Götter gedacht ist. Und so sieht der König bangend dem Tag seines Endes entgegen. Die Tage vergehen.

Dann ist es plötzlich so weit. Das Volk trifft die Vorbereitungen für die Opferzeremonie. Das Feuer wird entfacht, die Trommeln beginnen zu schlagen. Der Käfig wird geöffnet und der sich wehrende König in Richtung des Feuers getragen.

Währenddessen rutscht der Ärmel seines Hemds leicht nach oben. Plötzlich hören die Trommeln auf zu schlagen. Stille. Der Häuptling zieht den Hemdärmel des Königs ganz nach oben und sieht den gebrochenen Arm. Laute Ernüchterung und ein raunendes Stöhnen im Volk. Aufgrund des gebrochenen Arms können sie ihn nicht opfern. Das Opfer für ihre Gottheit muss vollkommen sein.

Und so lassen sie von ihm ab. Schimpfend holen sie das Pferd des Königs, satteln es und setzen den König auf. Sie geben dem Pferd einen kräftigen Klaps auf den Hintern und es rennt los. In den Wald, über Felder und Wiesen zurück ins Schloss. Dort angelangt muss sich der König erst einige Tage von seinem großen Schrecken erholen.

Nachdem er sich einigermaßen gefangen hat, fällt ihm sein armer Berater wieder ein, der noch immer im Kerker sitzt. Der König lässt ihn holen und ist voller Reue. Er entschuldigt sich bei ihm und sagt: «Oh lieber Berater, wie konnte ich Dir das nur antun. Du bist immer treu und ergeben an meiner Seite und ich füge Dir in meinem Unmut über den gebrochen Arm so etwas Schreckliches zu. Wirst du mir das jemals verzeihen können?»

Daraufhin lächelt der Berater weise und entgegnet: «Lieber König, ich bin dein Berater und immer treu an deiner Seite. Wo du bist, bin auch ich. Wo wäre ich wohl jetzt wohl, wenn du mich nicht in den Kerker gesteckt hättest?»

Manchmal sind intensive Erfahrungen im Leben von großer Bedeutung, damit die Krusten des Egos aufbrechen können. Denn unsere emotionalen und mentalen Ungleichgewichte können manchmal nur unter ganz bestimmten Bedingungen und Erfahrungen sichtbar werden. Durch intensive Situationen erhalten wir die Gelegenheit, uns unserer blinden Flecken bewusst zu werden und mehr Demut und Liebe zu entwickeln.

Wenn wir unsere Lektionen gelernt haben, haben wir sie in Bezug auf unsere emotionalen Reaktionen neutralisiert und gelangen in Bezug auf das betreffende Thema zu einem neutralen Standpunkt. Das Thema wird uns in Zukunft emotional nicht weiter tangieren.

INNERER FRIEDEN

Die meisten Menschen befinden sich innerlich in einer Art Kriegszustand. Sie tragen viele Disharmonien in sich und sind aufgrund dessen mit sich selbst und anderen Menschen ständig im Kampf. Innerer Frieden ist wichtig, damit wir in unserem Leben Glück, Fülle, Zufriedenheit und Harmonie erfahren können, unabhängig davon, welche Umstände uns aktuell umgeben. Innerer Frieden resultiert aus dem neutralen Standpunkt, nämlich dann, wenn wir dauerhaft in ihm ruhen.

Er entsteht, wenn Erwartungen an Menschen und Situationen vollkommen von uns abgefallen sind und wir die inneren Kämpfe beendet haben. Dazu gehört, dass wir unser Leben und unsere angenehmen und unangenehmen Lebenserfahrungen trotz aller Herausforderungen bedingungslos anzunehmen und zu lieben gelernt haben. Mit allem, was dazugehört(e): Fehlern, Ungereimtheiten, Freuden, angenehmen und unangenehmen Gefühlen und Gedanken.

Haben wir den Punkt erreicht, an dem es in uns vollkommen still geworden ist, haben wir den inneren Frieden verwirklicht und die innere Stimme beginnt mit uns zu sprechen. Aus diesem Zustand heraus, beginnt sich der Lebensfluss zu offenbaren, der eine kribbelnde Freude im Herzen auslöst und der uns auf ganz natürliche und leichte Weise von Ereignis zu Ereignis zu tragen beginnt. Fließen wir unangestrengt mit, beginnt sich unser Leben auf wundervolle Weise zu entfalten.

Erfahrungen haben einen Sinn

Viele Erfahrungen, die wir im gegenwärtigen Leben machen, verstehen wir nicht. Nach der Reinkarnationslehre haben wir schon viele Leben gelebt. In verschiedenen Leben haben wir unterschiedliche Lebenserfahrungen gemacht, die sich bis auf das jetzige Leben auswirken. Warum wir bestimmte Erfahrungen im gegenwärtigen

Leben machen, lässt sich durch das Gesetz des Karmas erklären.

Karma bedeutet zunächst einmal «Handlung», «Tat». Das Gesetz des Karmas ist ein hochmathematisches Gesetz des Ausgleichs, das besagt, dass alles, was wir in Form von Gedanken, Handlungen und Wünschen säen, eines Tages als Erfahrung ernten werden: positiv wie negativ. Dadurch bleibt die energetische Balance und Harmonie des Universums erhalten.

Die Ernte unserer Handlungen und Wünsche fahren wir nicht unbedingt im gegenwärtigen Leben ein. Vergangene Leben haben Auswirkungen auf das jetzige und das jetzige hat Einfluss auf die zukünftigen. Karma entsteht, vereinfacht dargestellt, durch positive und negative Handlungen, deren Motive nicht selbstloser Natur sind. Haben wir andere verletzt, wird uns irgendwann eine Situation begegnen in der auch wir verletzt werden. Bereiten wir anderen eine Freude, wird uns diese Freude selbst irgendwann zuteil.

Das Universum zeichnet alle unsere Handlungen auf. Es gibt auf der feinstofflichen Ebene eine Art Karmaspeicher, in dem alle «offenen Rechnungen», die wir mit Mitmenschen, mit uns selbst (Nichterfüllung der Lebensaufgabe) und der Natur haben gespeichert sind. Das bedeutet, haben wir z. B. in unserem aktuellen Leben einem Wesen Schaden zugefügt und es verletzt und diesen Schaden nicht behoben, werden wir diesem Wesen in einem der nächsten Leben wiederbegegnen oder eine Erfahrung machen, die uns diesen Schmerz erfahrbar und spürbar werden lässt. Wir erhalten dadurch die Chance, die offene Rechnung zu begleichen.

Offene Rechnungen zwischen zwei Personen und auch Gruppen können teilweise über mehrere Leben bestehen. Das Opfer-Täter-Spiel wird erst beendet, wenn einer der Beteiligten aus dem Spiel aussteigt und beginnt, in Liebe und Vergebung zu handeln.

Der Karmaspeicher ist der Grund dafür, dass wir an den Kreislauf der Wiedergeburt gebunden sind. Bevor wir wiedergeboren werden, wählt unsere Seele aus diesem Speicher aus, was sie erfahren will, d. h. welche Talente sie entwickeln und welche Aufgaben sie im gegenwärtigen Leben erledigen möchte. Dies beinhaltet, auch welche offenen Rechnungen sie begleichen will. In diesem Zusammenhang wählen wir u. a. unsere Familie und die Umstände, in die wir hineingeboren werden.

Mit der Geburt in dieses Leben wird ein Schleier des Vergessens über uns gelegt. Das ist von der Natur so eingerichtet worden, damit wir uns auf die von uns gewählten Erfahrungen bestmöglich einlassen und unsere Lektionen tiefgründig lernen können. Allein an diesem Punkt wird deutlich, wie begrenzt der menschliche Blickwinkel in Bezug auf unsere Lebenserfahrungen ist. Eigentlich kennen nur das göttliche Bewusstsein und der selbstverwirklichte geistige Lehrer den wahren Grund dafür, warum wir bestimmte Erfahrungen im Leben machen. Ihre Perspektive übersteigt die menschliche und betrachtet das

So-Sein des gegenwärtigen Menschen vor dem Hintergrund seiner vergangenen Leben. Durch das Göttliche und die Gnade eines Meisters können karmische Rechnungen beglichen werden, ohne dass der Schüler Erfahrungen in ihrer ganzen Intensität durchlaufen muss.

Es gibt Menschen, die behaupten, dass sie ihr eigener Guru seien. Im Grunde genommen stimmt das. Jedoch ist kein Meister vom Himmel gefallen. Meisterschaft zu erlangen ist ein Weg der Entwicklung. Dies ist in jeder Disziplin so, egal ob wir Meisterschaft auf einem Musikinstrument oder in einer Sportart erlangen wollen. Bis zu einem gewissen Grad braucht es Lehrer, die uns vorausgegangen sind, uns inspirieren und uns in unserer Entwicklung unterstützen. Irgendwann werden wir dann selbst zu Meistern und geben unser Wissen weiter. Dies ist auch auf dem spirituellen Weg so. Selbsterkenntnis ist nicht ausschließlich eine Eigenleistung. Es braucht zwar die Bereitschaft zur Selbsterkenntnis und die, auf unser Herz zu hören, auf der anderen Seite aber auch die Gnade und Führung durch die lichtvollen Kräfte, bis wir unseren eigenen Guru voll zur Entfaltung gebracht haben.

Viele Menschen übersehen, dass wir ohne die göttliche Gnade den spirituellen Weg überhaupt nicht gehen könnten. Wenn unsere Bereitschaft da ist, in unsere wahre Größe zu wachsen, dann werden wir von den geistigen lichtvollen Kräften aus dem Hintergrund auf allen Ebenen unterstützt. Sie begleiten und schützen uns.

Es kann sein, dass wir aus vergangenen Leben mit einem Meister auf besondere Weise verbunden sind. Dieser kann an einer bestimmten Stelle unseres Weges in Erscheinung treten.

Wenn es uns im gegenwärtigen Leben gelingt, keine neuen karmischen Rechnungen zu eröffnen, wofür der innere Frieden unabdingbar ist, beginnt sich der Karmaspeicher zu leeren. Die Voraussetzung dafür ist, dass unser Bewusstsein im inneren Frieden ruht und wir unsere Lebenserfahrungen gleichmütig, neutral und bedingungslos annehmen. Eine Seele, die alle Lektionen gelernt und alle offenen Rechnungen beglichen hat, wird zu einer freien Seele. Sie kann zukünftig frei entscheiden, ob sie sich erneut auf der Erde inkarnieren möchte oder nicht.

Wie man inneren Frieden kultivieren kann

Wenn wir im inneren Frieden ruhen, nehmen wir uns selbst und andere Menschen bedingungslos an. Wir hören auf, uns und andere für das SO-SEIN zu verurteilen und begegnen allen Wesen mit Liebe, Respekt und Verständnis. Zudem begreifen wir, dass unsere Mitmenschen, wie auch wir selbst, unter der Begrenztheit unserer Konditionierungen durch das Ego leiden. Daraus resultiert Mitgefühl und aus dem Mitgefühl das Verstehen, dass wir das verletzende Verhalten gegenüber anderen Menschen aufgeben, bzw. es nicht persönlich nehmen, wenn jemand versucht, uns zu verletzen. Denn letztendlich können wir nur dann verletzt werden, wenn wir jemandem die

Erlaubnis dazu geben und entscheiden, uns verletzt zu fühlen.

Hinter dem verletzenden und egoistischen Verhalten eines Menschen verbirgt sich oft eine Wunde und ein tiefer unbewusster Schmerz über das Getrenntsein von der göttlichen Quelle. Begreifen wir das, können wir statt zum Gegenangriff überzugehen, aus dem Mitgefühl heraus handeln und überlegen, wie wir als ein Instrument der Liebe dem anderen Menschen helfen können, seine leidvolle Situation zu überwinden.

Je mehr wir uns im inneren Frieden verankern, desto mehr lernen wir, unsere eigene Stimmung von äußeren Situationen und Menschen unabhängig zu machen und dauerhaft in unserer Mitte zu wohnen. Wir verstehen zudem, dass wir selbst es sind, die zu hundert Prozent die Verantwortung dafür tragen, den inneren Frieden in allen Situationen zu bewahren.

Wie kann man den inneren Frieden entwickeln? Um dauerhaft in ihm ruhen zu können, ist es unumgänglich, dass wir zunächst den inneren Beobachter stärken, z. B. durch eine regelmäßige Meditationspraxis. Er schafft in unserem Inneren eine gesunde Distanzierung zu destruktiven Gedanken und Emotionen und bewahrt uns vor Verstrickungen mit ihnen.

Es gibt viele Menschen, die sich als Opfer des Schicksals sehen und sich völlig unproduktiv und teilweise über lange Zeiträume mit der Beantwortung der Frage beschäftigen: «Warum passiert das immer nur mir?» Diese Frage führt bestenfalls dazu, dass wir selbstmitleidig in unguten Situationen verharren, statt diejenigen Möglichkeiten zu sehen, die sich durch eine Situation eröffnen. Wir täten besser daran, wenn wir an konstruktiven Lösungen arbeiteten, die uns helfen, uns aus unserer unguten Situation zu befreien. Konstruktiv gestellte Fragen sind z. B.: «Was gibt es für mich zu lernen? Welche Möglichkeiten habe ich, um die Situation zu verändern?» Wenn wir uns auf die Suche nach der Antwort begeben, öffnet sich der Geist für Lösungsmöglichkeiten und beginnt sich zu weiten.

Ein ausgezeichnetes Messinstrument, das uns anzeigt, inwieweit wir den inneren Frieden entwickelt haben, sind Situationen auf die wir noch emotional und verletzt reagieren. Je weniger uns die umgebenden Umstände emotional berühren und wir sie persönlich nehmen, desto mehr haben wir den inneren Frieden in uns kultiviert. Theoretisch klingt das leichter als es in der Praxis ist. Doch durch innere Arbeit und beständiges Üben, können wir diesen Zustand verwirklichen.

BEDINGUNGSLOSE LIEBE

Bedingungslose Liebe und das, was in den größten Teilen der Welt aktuell unter «Liebe» verstanden und gelebt wird, sind unterschiedliche Formen von Liebe. Deshalb muss an dieser Stelle zunächst zwischen bedingungsloser Liebe und bedingter Liebe unterschieden werden.

Die bedingte Liebe ist eine selbstbezogene Form von Liebe. Sie begrenzt die Fürsorge und das Interesse für anderen Menschen und Wesen auf das nähere Umfeld, d. h. sich selbst, den Partner, Verwandte, das Haustier oder enge Freunde. Offen oder verdeckt ist sie an Bedingungen, Erwartungen und Forderungen geknüpft. Diese basieren auf Glaubenssätzen, wie z. B.: «Ich habe dies und jenes für Dich getan. Jetzt bist Du an der Reihe, etwas für mich zu tun.», «Wenn ich mit Dir schlafe, liebst Du mich mehr.»

Die bedingte Liebe ist eine Art Tauschgeschäft. Erwartungen, Wünsche und Vorstellungen werden auf andere Menschen projiziert und sollen von ihnen erfüllt werden. Bleiben diese unerfüllt, wird die Liebe entzogen.

Beziehungen, die auf der bedingten Liebe basieren, sind nicht auf Augenhöhe. Durch das suggerieren von Schuldgefühlen, aber auch durch Erniedrigungen und Erhöhungen werden der eigene Selbstwert definiert und geschützt. Die Angst vor dem Verlassen-Sein, Einsamkeit und Wertlosigkeit sind starke Würgegriffe und zum großen Teil mitverantwortlich dafür, dass Menschen jahrelang in abhängigen und unglücklichen Beziehungen ausharren. Letztendlich haben beide Seiten etwas davon. Menschen, die kontrollieren und die sich kontrollieren lassen, haben entsprechende Resonanzfelder und ziehen sich gegenseitig an, um voneinander zu lernen und miteinander zu wachsen.

Will sich ein Mensch aus dem Würgegriff der bedingten Liebe befreien, geht das oft nur mit größeren Turbulenzen einher. Denn Systeme die auf Abhängigkeiten beruhen, scheuen Veränderungen. Dies kann sich unter anderem in verbalen und körperlichen Angriffen zeigen und mit Abwertung und Verurteilung einhergehen, die den Befreiungsschlag einer Person unterbinden sollen. Das Grundmotiv dahinter ist Angst.

In der bedingungslosen Liebe basieren Beziehungen hingegen auf Freiheit, Wertschätzung, Sanftmut, Achtung und Respekt. Sie sind frei von Erwartungen und Kontrollmechanismen. Wir lieben, weil wir wissen, dass wir selbst die Quelle von Liebe sind. Das ist die göttliche Liebe. Begegnungen in der bedingungslosen Liebe berühren das Herz und finden auf Augenhöhe statt.

Wenn wir in der bedingungslosen Liebe verankert sind, hören Feinde auf zu existieren. Es gibt keinen Ausschluss und keine Trennung mehr, auch wenn es in Bezug darauf, wie man Dinge sieht, vorübergehende Unstimmigkeiten und unterschiedliche Meinungen geben kann. In unserer Essenz bleiben wir wohlwollend miteinander verbunden. Wir beenden den Drang, Recht haben zu wollen, tolerieren, dass es unterschiedliche Wahrheiten und Perspektiven in Bezug auf eine Sache gibt, und erlauben, dass diese parallel nebeneinander bestehen dürfen, ohne sie zu verurteilen.

Die bedingungslose Liebe ist universell und überpersönlich. Sie ist das selbstlose Geben von Liebe und Fürsorge, ohne etwas im Gegenzug dafür zurückzuerwarten. Sie umfasst die gesamte Schöpfung und ist gleichmäßig auf alle Lebewesen verteilt. Sie schließt auch Tiere und

Pflanzen mit ein. Die bedingungslose Liebe ist wie ein unsichtbares Band, das alles im Universum eint und zusammenhält.

In einem Zustand der bedingungslosen Liebe erfahren wir den tiefen Wunsch, dass alle Wesen glücklich sind und, dass man zu ihrem Glück und Wohl beiträgt. Wir lieben jeden Menschen für das, was er ist, und nehmen ihn in seinem SO-SEIN bedingungslos an, ohne ihn verändern zu wollen. Wenn sich jemand uns gegenüber seltsam bzw. egoistisch verhält, versuchen wir, es nicht persönlich zu nehmen und entziehen auch die Liebe nicht. Wir wissen, dass er dieses Verhalten zeigt, weil er sich vorübergehend von der göttlichen Quelle abgetrennt hat und dass es nicht seinem wahren Wesen entspricht. In einer Haltung von Mitgefühl versuchen wir, dem Gegenüber Verständnis entgegenzubringen und barmherzig, vergebend, mitfühlend und milde zu sein. Eine wunderbare Frage, deren Beantwortung uns helfen kann, fast jede schwierige zwischenmenschliche Situation im Leben zu überwinden lautet: «Was würde die Liebe jetzt tun?» Bedingungslose Liebe bedeutet in diesem Zusammenhang nicht, dass wir auf Kosten unserer Authentizität immer lieb und nett sein müssen und alles erdulden, sondern vielmehr, die eigene Wahrheit auf gewaltlose und sanfte Weise zu vertreten und die Wahrheit anderer Menschen zu respektieren.

Wichtig ist es in diesem Zusammenhang auch, die Selbstliebe zu erwähnen. Denn erst, wenn wir uns selbst so annehmen und lieben, wie wir sind, sind wir in der Lage andere bedingungslos zu lieben. Dann hören wir auf Bettler zu sein, die sich auf der Suche nach Anerkennung im Außen verlieren. Selbst Jesus betonte die Wichtigkeit der Selbstliebe, indem er sagte: «Liebe Deinen Nächsten wie Dich selbst.»

Ich möchte in diesem Zusammenhang ein Beispiel aus einer Filmsequenz des Films «Humans» von dem Filmemacher Yann Arthus-Bertrand vorstellen. Den Film kann man käuflich erwerben oder unter dem im Literaturverzeichnis angeführten Link anschauen.

In einer der ersten Filmsequenzen wird die Szene von einem Mann gezeigt, der berichtet, wie bedingungslose Liebe sein Leben transformierte. Seine Geschichte ist ein berührendes Beispiel dafür, wie transformierend und mächtig die Kraft der wahren Liebe und Vergebung sein kann.

Der Mann, um den es geht, ist in der Vergangenheit zu einem Mörder geworden. Er tötete seine damalige Partnerin und ihr Kind. In der Darstellung seiner Biografie wird deutlich, dass er in der Vergangenheit selbst Opfer von großer Gewalt war. Während seiner Kindheit wurde er von seinem Stiefvater schwer misshandelt. Aufgrund seiner schmerzhaften Erfahrungen schlichen sich bei ihm falsche Glaubenssätze in Bezug darauf ein, was Liebe ist. Für ihn bedeutete Liebe Gewalt. Diese unbewusste Verknüpfung führte ihn später zu der Tat.

Das tief Berührende an dieser Geschichte ist, dass die Mutter und Großmutter der ermordeten Tochter und

Enkelin sich nicht von ihm abwandte, sondern sich auf einen Prozess der Vergebung einließ. Sie brachte ihm trotz ihres vermutlich unermesslichen Schmerzes Mitgefühl für seine Vergangenheit entgegen, blieb mit ihm in Kontakt und gab ihm dadurch die Chance zur Reue und Wandlung. Ein größeres Beispiel für die Kraft der wahren Liebe lässt sich vermutlich nicht finden.

EINHEIT STATT TRENNUNG

Theoretisch betrachtet gibt es unzählige Aspekte, in denen wir uns von unseren Mitmenschen unterscheiden: in der Religionszugehörigkeit, in der Nationalität, unserer Hautfarbe, in unseren Interessen, in Meinungen, in Charakterzügen etc. Immer dann, wenn wir uns mit einem anderen Menschen vergleichen, jemanden verurteilen und die Unterschiede zwischen uns und unserem Gegenüber als Grund nehmen, um uns über oder unter jemanden zu stellen, weil wir glauben besser oder schlechter zu sein, verursachen wir eine innere und äußere Trennung. Wir ziehen eine Grenzlinie, die eine Begegnung auf Augenhöhe unmöglich macht. Schlimmer noch, unter ungünstigen Umständen können sich Fronten, Parteien und Positionen aufbauen die zu unüberwindbaren Mauern und schlimmstenfalls zu Gewalt oder Krieg führen können.

Jedes Mal, wenn wir jemanden verurteilen und die Unterschiede zwischen uns und einem anderem Menschen mehr betonen, als das, was uns eint, erzeugen wir gleichzeitig auch eine Trennung und Splitterung in unserem eigenen Bewusstsein. Denn wir lehnen unbewusst ab, dass die Schattenanteile, die wir in anderen sehen in unserem eigenen Bewusstsein existieren. Erst wenn wir beginnen, das «Ich im Du» und das «Du im Ich» zu erkennen, sehen wir das Verbindende und inspirierende Vielfalt in den Unterschieden, durch die wir wachsen und einander bereichern können. An diesem Punkt findet Begegnung statt und wir können erkennen, dass wir EINS sind. In Wahrheit gibt es nur EINE Menschheit und auch nur EINE Religion: die der Menschlichkeit und die der Liebe.

Einheitsbewusstsein bedeutet nicht, dass wir alle gleich sind oder gleich werden müssen, sondern dass die Einzigartigkeit von zwei Menschen kein Problem mehr darstellt. Das Zusammenleben mit anderen Menschen basiert nicht länger auf Verurteilungen, sondern folgt dem Motto: «Leben und leben lassen» und mit denen zu gehen, die in Resonanz mit der eigenen Seelenfrequenz sind.

Das Einheitsbewusstsein wird das Bewusstsein des kommenden Zeitalters sein. Aus diesem Grund sind wir dazu aufgefordert, unseren Mitmenschen mehr und mehr aus dem Einheitsbewusstsein zu begegnen. Dies können wir üben, indem wir uns selbst beobachten und durch erhöhte Achtsamkeit erkennen, wo wir noch Trennungen erzeugen. In einem nächsten Schritt wählen wir dann Gedanken, Worte und Handlungen, die Einheit kreieren. Sind wir in der Lage zu erkennen, dass wir alle einen gemeinsamen Ursprung haben und dass in allen derselbe göttliche Kern ruht, wird die Welt zur Einheit finden. Dann können die verschiedenen Seins- und Lebensformen friedvoll nebeneinander existieren. Toleranz entsteht, wenn wir die bestehende Unterschiede akzeptieren, auf den guten Wesenskern in einem Menschen fokussieren und uns trotz eventueller Meinungsverschiedenheiten authentisch und liebevoll begegnen. Jeder Mensch kann auf diese Weise ein Freund sein und bleiben.

An dieser Stelle kommt vermutlich bei vielen Lesern die Frage auf, wie kann man mit Menschen umgehen und verbunden bleiben, die voller Negativität sind und deren Einflussbereich man sich nur schwer entziehen kann, wie z. B. Arbeitskollegen oder Familienmitglieder. Es gibt diesbzgl. nicht die EINE richtige Lösung. Es ist wichtig, von Situation zu Situation schauen, welche Reaktion angemessen ist. Ich möchte an dieser Stelle jedoch zwei Vorschläge als Inspiration anbieten.

Wir können zum einen versuchen, zwischen dem Ego und der Seele einer Person zu unterscheiden, indem wir uns bewusst machen, dass ihr egoistisches Verhalten nur Ausdruck ihrer Trennung von der göttlichen Quelle ist. Wenn wir uns das vor Augen halten, fällt es uns leichter, das Verhalten der anderen Person weniger persönlich zu nehmen und eine eher mitfühlende Haltung einzunehmen. Zudem können wir versuchen, vorwiegend auf das Positive im anderen Menschen fokussiert zu bleiben und versuchen es zu verstärken, indem wir das destruktive Verhalten weitestgehend ignorieren, offen bleiben und trotz des Verhaltens aufrichtig, ruhig und wenn möglich liebevoll reagieren.

Solange wir das Verhalten der anderen Person noch persönlich nehmen und etwas in uns emotional reagiert, gibt es aus Sicht des Seelenbewusstseins auch noch etwas in unserem eigenen Bewusstsein zu korrigieren. Denn fühlen wir uns gekränkt, wurde unser Egobewusstsein berührt und wir erhalten die Chance, etwas über uns selbst zu lernen.

Eine andere Möglichkeit sich in so einer Situation zu verhalten, ist, gesunde Grenzen zu ziehen, wenn wir Situationen und Energiefeldern ausgesetzt sind, die uns schaden, wie z. B. Gewalt. Grenzen können ein kraftvolles «Nein» zu Manipulation, Gewalt, Negativität, Übergriffigkeit und starkem Egoismus sein. Wir signalisieren durch unser «Nein», dass wir destruktive Verhaltensweisen nicht akzeptieren und unterstützen. Zudem sind sie eine Form von Selbstliebe, die uns helfen können, Abhängigkeiten und leidvolle Zustände zu beenden. Vor allem für innere Heilungsprozesse kann es manchmal von Bedeutung sein, dass wir uns von einer Person oder Situation vorübergehend zurückziehen oder sogar ganz lösen. Auch das stellt eine Option dar. Dennoch sollten wir uns auch in diesen Situationen bewusst machen, dass die Person einen göttlichen Kern in sich trägt, über den wir mit ihr verbunden sind. Diese Perspektive einzunehmen, schafft auf einer höheren Ebene Einheit. Sie stimmt uns milde und wir sind eher bereit zu verzeihen und ggf. wieder aufeinander zuzugehen.

IM EINKLANG MIT DEN NATURGESETZEN

Die meisten Menschen spielen ein Spiel namens Leben und kennen die Spielregeln nicht. Sie wissen nicht, dass es geistige Naturgesetze gibt, die aus den feinstofflichen Bereichen auf die materielle Welt und ihr Leben wirken. Hierzu zählen z. B. das Gesetz der Resonanz, das Gesetz der Liebe, das Gesetz von Ursache und Wirkung etc. Weder Eltern, noch Schule, noch Universität haben uns diese Gesetze gelehrt. Dabei sind sie der Schlüssel zu Glück und Fülle im Leben. Beachten wir sie und leben mit ihnen in Einklang, führen sie uns und unser Leben zu Freude, Fülle, Glück, Gleichgewicht und Harmonie. Beachten wir sie hingegen nicht, kreieren wir leidvolle Erfahrungen.

Da die meisten Menschen diese Gesetze nicht kennen, müssen sie oft jahrelang und manchmal über mehrere Leben durch leidvolle Lektionen lernen. Wenn sie eines Tages die Möglichkeit bekommen, von den Gesetzen zu hören, beginnen sie zu verstehen, dass sie die Schöpfer ihres Lebens sind und dass sie das, was ihnen in ihrem Leben an Erfahrungen begegnet, selbst kreiert haben. Wenn sie dann beginnen, diese Gesetze in ihrem Leben anzuwenden, verändert sich ihr Leben manchmal schlagartig zum Guten.

In Harmonie und im Einklang mit den Naturgesetzen zu leben, wird im Satyayuga von großer Bedeutung sein. Es ist deshalb empfehlenswert, sich intensiver mit der Thematik zu beschäftigen.

GLÜCKLICH SEIN

Viele Menschen denken, dass sie erst dann glücklich sein können, wenn sich bestimmte Umstände oder Bedingungen in ihrem Leben erfüllt haben. Der Glücksgedanke ist bei vielen Menschen an Glaubenssätze und Erwartungen geknüpft: «Wenn ich erst einmal 100.000 Euro auf dem Konto habe, dann bin ich frei und kann reisen.» oder «Wenn ich erst einmal mit dieser Frau oder diesem Mann zusammen bin, dann werde ich glücklich sein.» oder «Wenn ich ein Kind habe, dann bin ich glücklich.» oder «Wenn ich erst einmal einen Job habe, dann wird alles gut.» etc.

In der Regel ist es so, dass gewünschte Lebensumstände manchmal gar nicht oder nur als zeitlich begrenzte Erscheinung in unser Leben treten. Wenn wir unser Glück und die Lebensfreude also von äußeren Umständen abhängig machen, verfallen wir spätestens dann in ein tiefes Loch, wenn sich die Umstände verändern und nicht mehr unseren Erwartungen entsprechen.

So wie wir die Quelle von bedingungsloser Liebe und von innerem Frieden sind, so sind wir auch die Quelle für Freude. D. h. unabhängig davon, welche äußeren Umstände uns umgeben, haben wir die Wahl zu entscheiden, ob wir glücklich sein oder leiden wollen.

Sind wir in einer Art Mangelbewusstsein, ist das ein sicherer Garant dafür, dass wir das Glück von uns fernhalten. Im Mangelbewusstsein haben wir das Gefühl, dass uns etwas zu unserem Glück fehlt. Wir suchen die Befriedigung unserer unerfüllten Bedürfnisse in der Außenwelt. Dadurch werden wir zu Bettlern und Bedürftigen.

Die Paradoxie ist, dass das Universum erst dann unser Glück vermehrt und uns noch mehr Fülle schenkt, wenn wir uns entscheiden, das Glück in dem zu sehen, was wir haben. Dann leben wir aus dem Fülle-Bewusstsein. Dafür ist es wichtig, den inneren erlebten Mangel aufzudecken, ihn umzuwandeln und sich in jeder Situation bewusst dafür zu entscheiden: «GLÜCKLICH ZU SEIN!»

DANKBARKEIT

Oft nehmen wir das, was uns vom Leben geschenkt wird, als selbstverständlich hin. Es ist vor allem für uns Menschen im Westen selbstverständlich, dass wir medizinische Versorgung erhalten, dass warmes Wasser zum Duschen aus der Leitung kommt, dass wir ein Dach über den Kopf haben, dass wir zur Schule gehen können, dass wir genug zu essen haben und in Frieden aufwachsen dürfen.

Wenn man einmal in einer Lebenssituation war, in der man auf ein oder mehrere dieser Aspekte verzichten musste, lernt man demütig und dankbar für das zu sein was man hat. Unsere Lebensumstände könnten ganz andere sein und könnten sich jederzeit verändern.

Dankbarkeit erzeugt neben bedingungsloser Liebe die höchste Schwingungsfrequenz. Sie entstammt dem Füllebewusstsein. Wenn wir Dankbarkeit ausdrücken, bezeugen wir, dass wir die Fülle unserer Lebenssituation anerkennen und annehmen. In Folge dessen, wird das Leben uns mit weiteren Gaben beschenken.

Dankbarkeit können wir zum Ausdruck bringen, indem wir z. B. in den Augenblicken ein Dankesgebet sprechen, in denen wir Dankbarkeit spüren oder indem wir, am Abend den Tag reflektieren und in einer Art Tagebuch, Zeilen der Dankbarkeit niederschreiben.

GELASSENHEIT

Gelassenheit ist die Fähigkeit, allen Situationen mit einer gewissen Entspanntheit, Distanz und Ruhe zu begegnen und sich von den umgebenden Umständen nicht beunruhigen zu lassen. In einer gelassenen Haltung sind wir im Ur-Vertrauen verankert und wissen, dass sich alles zur rechten Zeit auf die richtige Weise fügen wird.

Gelassenheit heißt nicht gleichgültig zu sein. Gleichgültigkeit entspringt dem Ego und ist mit Desinteresse und Ignoranz verbunden. In einem Zustand von Gleichgültigkeit besteht in der Regel keine Motivation, sich für die Verbesserung einer Situation oder für das Wohl anderer Menschen und das der Erde einzusetzen. In einer gelassenen Haltung hingegen sind wir engagiert. Wir handeln zentriert und lassen uns von Gedanken und Emotionen nicht mitreißen. Wenn wir z. B. bemerken, dass Dinge, die wir versuchen, nicht funktionieren, lassen wir los und probieren neue Möglichkeiten aus, für die die Energie fließt.

Gelassenheit ist ein wichtiger Bestandteil des Weisheitswegs. Durch Übung lernen wir zu unterscheiden, wann es wichtig und richtig ist zu handeln und uns einzusetzen, und wann es wichtig ist loszulassen, zu entspannen, zu vertrauen und ggf. nach neuen Möglichkeiten Ausschau zu halten. Wir sind in der Lage den richtigen Zeitpunkt zu erkennen und die damit verbundenen Chancen zu nutzen.

FEHLER MACHEN UND VERGEBEN

Was sind Fehler? Fehler sind Teil der menschlichen Entwicklung und eine wichtige Quelle der Selbsterkenntnis. Sie entstehen u. a. durch Unwissenheit in Bezug auf unsere wahre Natur und dann, wenn wir uns von unseren egoistischen Motiven leiten lassen. Fehler sind bedeutsam für unseren Entwicklungsprozess. Sie helfen uns Unterscheidungskraft in Bezug darauf zu entwickeln, was im Leben funktioniert, bzw. nicht funktioniert und unserer Entwicklung dienlich bzw. nicht dienlich ist. Indem wir sie erkennen und transformieren, erhalten wir die Gelegenheit, den Weg, den wir eingeschlagen haben, zu korrigieren.

Wenn wir Angst davor haben, Fehler zu machen, werden wir immer in einer Art Komfortzone bleiben und dadurch die Möglichkeiten unserer inneren Entwicklung begrenzen. Wenn wir es hingegen wagen, uns auf neue Erfahrungen einzulassen und uns in diesem Zusammenhang auch erlauben, Fehler zu machen, erweitern wir uns und wachsen. Wir erhalten die Chance, begrenzende Denk-und Verhaltensweisen zu erkennen, sie aufzugeben und eine höhere Perspektive auf das Leben einzunehmen. Dadurch erweitern wir unsere Möglichkeiten und kommen unserer Ur-Natur näher.

Viele Menschen haben Angst, Fehler zuzugeben, weil sie bewusst oder unbewusst fürchten, verurteilt, bestraft oder abgelehnt zu werden. Dadurch blockieren sie ihren eigenen Wachstumsprozess. Es gibt aber auch viele Menschen, die auf die Fehler ihrer Mitmenschen nicht gerade milde, versöhnlich und barmherzig reagieren und sich bei der geringsten Kleinigkeit von anderen abtrennen. Das macht es auf beiden Seiten schwer, Schritte aufeinander zuzugehen und ungute Situationen durch Verständnis und Mitgefühl zu klären und aufzulösen.

Das nicht Verzeihen und Fehler zugeben können basiert auf den Verhaftungen und Irrtümern des Egos und hält den Unfrieden in uns Menschen lebendig. Egal, ob wir diejenigen sind, die den Fehler gemacht haben, oder diejenigen sind, die nicht verzeihen können, wir werden aus Sicht der Natur solange an einen Konflikt gebunden sein, bis wir den nötigen Entwicklungsschritt in Richtung Wahrhaftigkeit, Liebe und Vergebung gegangen sind, mit oder ohne dem anderen. Erst dann, werden wir frei.

Vergebung

Wenn uns jemand verletzt hat, sollten wir uns fragen, wie wir selbst uns wünschen würden, dass mit uns umgegangen wird, wenn wir einen Fehler bereuen. Wir würden uns vermutlich alle sehnlichst wünschen, dass uns mit Milde, Versöhnlichkeit, Verständnis und Mitgefühl begegnet wird und dass wir die Chance erhalten, unseren Fehler wieder gut zu machen.

Erst wenn wir aufhören, andere Menschen wegen ihrer Fehler zu verurteilen, ja ihre Fehler sogar großzügig ignorieren und auf ihren guten Wesenskern fokussieren, kann für uns, unser Gegenüber und die Erde Verwandlung, Frieden und Heilung geschehen. Das bedeutet nicht, dass wir die Verletzung, die wir durch einen anderen Menschen erfahren haben einfach unter den Tisch kehren und unsere eigenen Gefühle ignorieren sollen. Es bedeutet vielmehr, sich von Vorwürfen zu entfernen, Verantwortung für die eigene Verletzung zu übernehmen und sich im eigenen Heilungsprozess in Richtung Vergebung zu engagieren. Vergebung ist wichtig, damit wir unsere innere Freiheit und unseren inneren Frieden zurückgewinnen. Sie bringt den Seelenfrieden ins eigene Herz zurück und erleichtert das Herz des anderen von Schuld.

Alles kann vergeben werden, auch wenn einige Vergebungsprozesse herausfordernder sind als andere und länger dauern. Es gibt starke Geschichten von Menschen, die Geschehnisse vergeben haben, die gewöhnliche Menschen für unverzeihbar halten würden. Ich erinnere da gerne noch einmal an das Beispiel von dem Mann, der seine frühere Partnerin und ihr Kind umgebracht hat und der durch die bedingungslose Liebe und Vergebung der Mutter und Großmutter der ermordeten Tochter und Enkelin eine Chance zur Wandlung erhielt. Dies ist ein Idealbeispiel und kann jeden inspirieren, versöhnlich zu sein, vor allem dann, wenn es im Alltag um scheinbare Lappalien geht.

Selbstvergebung

Es geht aber nicht nur darum anderen Menschen zu vergeben, sondern auch sich selbst. Oftmals wird der Mensch sich selbst gegenüber zu einem gnadenlosen Richter und lehnt sich für begangene Fehler ab. Vielen Menschen fällt es wesentlich leichter, anderen zu vergeben. Das «sich selbst nicht verzeihen können», hält den Geist in der Vergangenheit gefangen und blockiert auf diese Weise den eigenen Entwicklungsprozess.

Es ist wichtig zu akzeptieren, dass wir menschliche Wesen sind und dass wir, solange wir nicht vollständig in unsere göttliche Ur-Natur zurückgekehrt sind, Fehler machen werden. Wenn es uns gelingt, sie als ein Geschenk zu sehen und sie lernwillig zu bejahen, werden sie uns schnell zu großer Selbsterkenntnis und Reife führen und uns große Entwicklungsschritte ermöglichen. Aus göttlicher Sicht erhalten wir in jedem Moment unseres Lebens eine neue Chance, uns und unser Leben zu wandeln.

Wie wir Vergebung üben können

Vergebung können wir auf unterschiedliche Weise üben. Zum einen, indem wir anderen Menschen vorurteilsfrei begegnen, und uns bemühen, sie vor ihren Hintergründen und ihren Intentionen zu verstehen. Jeder Mensch hat eine Geschichte zu erzählen, aus der sich sein So-Sein erklären lässt. Wenn wir diese Geschichte betrachten, machen wir uns ein ganzheitliches Bild von der Person. Meistens zeigen sich bei genauerem Hinsehen Facetten im Leben des anderen, die unser Mitgefühl berühren und die die Schuld und Schwere in unseren Vorwürfen mildern.

Oftmals ist es auch so, dass ein Mensch in einer Situation eine ganz andere Intention hatte, als wir sie wahrnehmen können. Viele Menschen reagieren vorschnell auf ihre eigene Interpretation der Situation, ohne in Dialog zu treten und sich zu bemühen, wertfrei und wahrhaftig das dahinter Tieferliegende zu verstehen. Dadurch erzeugen sie Trennungen. Gehören wir zu denen, die schnell urteilen und anderen keine Chance geben, sollten wir uns reflektieren und überlegen, ob wir nicht doch einen Schritt aus unseren Urteilen und Verletztheitsgefühlen heraustreten können und auf den Menschen, durch den wir uns verletzt fühlen, zugehen, indem wir den Dialog suchen und versuchen, die Situation aus einer größeren Tiefe zu verstehen.

Wenn wir hingegen zu denen gehören, die keine Chance zur Klärung erhalten, müssen wir lernen, die Situation zu akzeptieren, wie sie ist und mit ihr in Frieden kommen. Auch, wenn dieser Prozess manchmal schmerzhaft sein kann.

Wenn jemand einen Fehler gemacht hat und wir merken, dass wir uns verletzt fühlen, können wir uns bewusst machen, dass wir es sind, die darüber entscheiden, ob wir uns verletzt fühlen wollen oder nicht. Auf diese Weise können wir von vornherein verhindern, dass destruktive Energien in uns eindringen. Haben wir der Energie schon erlaubt in uns einzutreten, sollten wir uns unmittelbar bemühen sie wieder loszulassen, um unseren inneren Frieden wieder herzustellen.

Damit der Vergebungsprozess gelingen kann, ist es wichtig, dass wir Rücksicht auf unsere Bedürfnisse und Gefühle nehmen. Manchmal kann z. B. ein kleiner räumlicher und zeitlicher Abstand wichtig und notwendig sein, um Perspektiven klarer zu sehen, neue Erkenntnisse zu gewinnen und verletzte Gefühle zu heilen und loszulassen.

Wir können Vergebung auch üben, indem wir für Menschen beten, die wir bzw. die uns verletzt haben. Es gibt ein Gebet, mit dem man am Abend den Tag auf wunderbare Weise abschließen und ungünstige Situationen im Inneren bereinigen kann. Es lautet:

«Ich vergebe all denen, die mich mit oder ohne Absicht verletzt haben. Und ich bitte all diejenigen um Vergebung, die ich mit oder ohne Absicht verletzt haben sollte. Ich vergebe und vergebe mir selbst. Ich sende allen Licht, Liebe und Segen und wünsche ihnen von Herzen, dass ihnen nur das Beste widerfährt.»

Eine weitere Möglichkeit, unsere Fähigkeit in Vergebung zu stärken, ist zu überlegen, wie es möglich sein kann, dem Gegenüber dabei zu helfen, dass er sich mit seiner guten Natur rückverbinden kann. Oft leidet der betroffene Mensch selbst fürchterlich unter seinem Verhalten und ist verzweifelt, weil er aus seinem Verhaltensmuster keinen Ausweg findet. Wir können davon ausgehen, dass ein Mensch der z. B. cholerisch reagiert, mit seiner Reaktion nicht glücklich ist, auch wenn ihm das zu einem bestimmten Zeitpunkt vielleicht nicht bewusst sein mag. Sein cholerisches Verhalten trennt ihn von seinen Mitmenschen und führt ihn in die Einsamkeit. Irgendwann hat er auf seinem Lebensweg vermutlich eine Verletzung erfahren, aufgrund derer er diese Reaktionsweise entwickelt hat. Diese Verletzung braucht Mitgefühl, um heilen zu können und nicht Ablehnung. Mitgefühl heißt in diesem Kontext nicht, dass wir z. B. als betroffener Partner alle Angriffe oder Übergriffe erdulden, sondern auf einer Metaebene eine Haltung des Mitgefühls einnehmen und gleichzeitig Eigenverantwortung für das eigene Wohlbefinden übernehmen. Es geht nicht darum, durch Verständnis Abhängigkeiten zu nähren, sondern darum, den inneren Frieden bewahren zu können.

REUE

Die Fähigkeit zur Reue ist auf unserem spirituellen Weg von großer Wichtigkeit. Durch Reue können wir ungünstige Schöpfungsprozesse, die wir durch Unwissenheit oder egoistisches Verhalten in Gang gesetzt haben, stoppen, verändern und zum Guten wenden. Reue ist die Bereitschaft, einen Fehler anzuerkennen und die Denk- und Verhaltensweisen, die zu ihm geführt haben, zu korrigieren und durch höhere Perspektiven zu ersetzen. Im Moment der Reue werden die dicken Wände des Egos zum Schmelzen gebracht und können durch größer werdende Sensibilität und Demut transformiert werden.

Der spirituelle Weg ist vergleichbar mit dem Besteigen eines Berges. Die Spitze des Berges symbolisiert die göttliche Perspektive. Sie ist die höchste Perspektive, die ein Mensch verwirklichen kann. Je weiter wir den Berg erklimmen, desto weitsichtiger werden wir und nähern uns dem höchsten Standpunkt an. Auf dem Weg zum Gipfel begegnen wir vielen Hindernissen: unseren Mustern, Illusionen, Irrtürmern und Gewohnheiten. Sie sind verantwortlich dafür, dass wir einst den Berg hinabgestiegen sind.

Reue ist wichtig, um auf dem spirituellen Weg Fortschritte machen zu können. Sie öffnet die Tür zu höherer Erkenntnis und zu einer übergeordneten Perspektive auf uns und unser Leben. Durch sie werfen wir alte, uns nicht mehr dienliche Glaubensmuster und Lebenskonzepte über

Bord und erheben uns auf eine höhere Bewusstseinsstufe. Wenn wir den Punkt erreichen, an dem wir den göttlichen Blickwinkel wieder ganz eingenommen haben, leben wir wieder im Einklang und in Harmonie mit der Schöpfung. An diesem Punkt leben wir die höchste Version und die höchsten Möglichkeiten unseres Seins.

Ich möchte an dieser Stelle eine Geschichte teilen, die ich mal während eines Meditations-Retreat gehört habe. Sie handelt von einem König, der viele Menschen tötete und damit viel Leid über viele Familien brachte. Im Laufe seines Weges traf er auf Buddha. Buddha unterwies ihn in einer Meditationstechnik. Er begann zu meditieren und reinigte mithilfe der Meditation sein Bewusstsein von allen egoistischen Motiven. Ab einem bestimmten Zeitpunkt empfand er große Reue für das, was er getan hatte. Er musste den Schmerz, den er anderen zugefügt hatte, während der Meditation am eigenen Leib spüren. Trotz der grausamen Taten, die er begangen hatte, erlangte er eines Tages die Befreiung seiner Seele.

Nachdem er erleuchtet worden war, wanderte er in die Dörfer zu den Familien, denen er Kinder, Ehemänner und Ehefrauen genommen hatte. Als sie ihn wiedererkannten, bewarfen sie ihn mit Steinen, beschimpften und bespuckten ihn. Ohne zu reagieren, ließ er alles über sich ergehen. In einer Haltung großer Demut bat er um Vergebung. Als die Menschen feststellten, dass er sich wirklich gewandelt hatte und zu einer Quelle von Liebe und Frieden geworden war, vergaben sie ihm. So kam es, dass er viele Menschen in die buddhistische Meditation einweihte und ihnen auf diese Weise zur Selbstbefreiung verhalf.

Die Geschichte zeigt, dass, egal was wir bisher in unserem Leben getan haben, wir von Seiten der Natur immer wieder eine Chance bekommen, wenn wir unsere Taten aufrichtig bereuen. Obwohl die Handlungen des Königs grausam waren, konnte er durch Reue die göttliche Gnade erlangen und das höchste Ziel des Lebens verwirklichen. Die Gesellschaft mag einen Menschen manchmal bis ans Ende seines Lebens für seine Taten richten. Doch wenn wir aus Sicht der Natur ausgeglichen haben, was wir kreiert haben, sind wir frei.

Sich zu Lebzeiten auf der Erde zu wandeln, indem wir unsere Vergehen bereuen und uns dem lichtvollen Pfad zuwenden, ist für den Menschen in einem physischen Körper wesentlich einfacher, als wenn er in den jenseitigen Welten mit der Schwere seiner Taten konfrontiert wird. Es ist deshalb empfehlenswert, dass wir unsere Zeit auf der Erde weise nutzen.

SPIRITUELLE GEMEINSCHAFT

Viele spirituelle Menschen haben im Kaliyuga das Gefühl, dass sie Außenseiter sind. Sie fühlen sich in der materiellen Welt oft als Fremdlinge und haben das Gefühl, sich in ein System hineinquetschen zu müssen, das nicht ihrem wahren Wesen entspricht. Da sie im Kaliyuga nicht in der Mehrzahl sind, ist die Wahrscheinlichkeit, Ermutigung und Unterstützung von Familie und Freunden zu erhalten, nicht besonders groß. Viele werden für ihre hohen Gedanken und Ideen von der normalen Gesellschaft belächelt und sind mit Verurteilungen konfrontiert. Das ist vor allem am Anfang für den sich spirituell öffnenden Menschen nicht einfach.

Das Wunderbare ist, dass das göttliche Bewusstsein seine erwachenden und ihm zugewandten Kinder miteinander verbindet, damit sie auf dem spirituellen Weg nicht alleine sind und gestärkt werden.

Eine spirituelle Gemeinschaft ist eine Begegnungsstätte von Gleichgesinnten. Sie kann in unterschiedlicher Form bestehen z. B. als Wohngemeinschaft, Gruppentreffen, Satsang, Gebetsgruppe etc. Für den spirituellen Menschen kann die Gemeinschaft eine Art Anker sein. Ein Ort, wo er sich austauscht und die nötige Kraft erhalten kann, den Herausforderungen der materiellen Welt gegenüberzutreten. Denn ein spiritueller Mensch, der energetisch immer feinfühliger wird, hat es im rauen Alltag der Ellbogenmentalität unserer Gesellschaft nicht immer leicht, seinen Platz zu finden und sein Energieniveau aufrechtzuerhalten. In der Gemeinschaft kann er auftanken, durch neue Impulse inspiriert werden und spüren, dass nicht er es ist, der «ver-rückt» ist, sondern dass es das auf Egoismus basierende System ist, das der Mensch selbst erschaffen hat. Der spirituelle Mensch hat sich lediglich auf den Weg gemacht, die Unwahrheiten aufzudecken und die Trennung und Ignoranz gegenüber der eigenen Natur zu überwinden.

Viele Menschen sind aus Angst vor Ausgrenzung und Ablehnung zurückhaltend in Bezug darauf, ihren spirituellen Weg zu gehen. Sie befürchten entweder von ihren Familien, Partnern oder Kollegen ausgegrenzt zu werden oder durch ihren spirituellen Weg an einen Punkt geführt zu werden, an dem das Leben Veränderungen einleiten könnte, um sie auf eine höhere Ebene der Erkenntnis zu führen. Fast jeder, der sich im Kaliyuga entscheidet, den spirituellen Weg zu gehen, ist mit diesen Ängsten konfrontiert.

Der spirituelle Weg kann mit großen Herausforderungen verbunden sein. Es erfordert stellenweise Mut und Kraft, für die eigene Wahrheit einzustehen. Wenn wir aber den Punkt erreichen, an dem wir den Weg in unsere Authentizität vollständig bejahen, bejahen wir auch die mit ihm einhergehenden Herausforderungen und Veränderungen, weil wir wissen, dass alles nur zu unserem Besten geschieht und uns dient, um unserem wahren Selbst näherzukommen.

Teil des Weges ist, dass wir immer mehr darauf vertrauen lernen, dass alles, was zu einem bestimmten Zeitpunkt wirklich zu uns und unserem Leben gehört, in unser Leben kommen wird und dass alles, was nicht mehr zu uns gehört, geht, damit etwas noch Besseres kommen kann.

Am Ende wird sich zeigen, dass die, die den Mut haben, trotz aller Skeptiker ihren eigenen Weg zu gehen, ein wesentlich glücklicheres, freieres und zufriedeneres Leben führen werden. Die Wahrheit wird immer siegen.

Die spirituelle Gemeinschaft kann uns auf diesem Weg eine Hilfe sein, indem sie uns immer wieder ermutigt, auf dem Weg zu bleiben, uns aufrichtet und darin bestärkt, allen Widerständen und Hindernissen zu trotzen. Die gute Nachricht ist: Es werden immer mehr und dadurch wird es einfacher!

DEN EIGENEN SEELENPLAN LEBEN

Jede Seele ist mit individuellen Kräften ausgestattet und erfüllt im Schöpfungsplan eine individuelle und einzigartige Rolle und Aufgabe. Manche Seelen haben z. B. die Aufgabe andere Menschen zu führen, andere sind geboren, um Künstler, Diener, Heiler, Ärzte, Verwalter, Organisatoren, Lehrer oder Musiker zu sein. Ein Mensch kann auch mehrere Gaben gleichzeitig in sich tragen.

Im Kaliyuga spielen viele Menschen Rollen, die nicht ihrem wahren Wesen entsprechen. Sie erfüllen vordergründig die Erwartungen anderer, meistens denen der Familie, der Schule, des Berufes, etc. Das Motiv des Tuns ist oft das Streben nach Geld und Anerkennung.

Im Kaliyuga ist es nicht einfach, seinen Seelenweg zu finden und seinen Platz im Gesamtplan der Schöpfung einzunehmen. Das Individuum steht einer Gesellschaft gegenüber die den göttlichen Wesenskern größtenteils ignoriert. Dadurch erfordert es vom Einzelnen viel Kraft und Mut, sich den besonders im Kaliyuga ausgeprägten Gegenkräften und Widerständen entgegenzustellen. Im Satyayuga wird es von Bedeutung sein, dass wir in diejenigen Aufgaben und Rollen finden, die uns vom Göttlichen zugedacht wurden. Denn nur sie führen uns zu innerer Fülle und Freude.

Was die meisten Menschen in diesem Zusammenhang nicht wissen, ist, dass ihre seelische Energie für das Gleichgewicht der Natur eine herausragende Rolle spielt und dass sie dem Gleichgewicht der Erde dienen, wenn sie ihr inneres Licht mit Freude zur Entfaltung bringen.

AUF DIE INNERE STIMME HÖREN

Im Satyayuga leben die Menschen vollständig aus dem Seelenbewusstsein und ihre Wege werden hauptsächlich über ihre Intuition geführt. Auf diese Weise ist jeder immer zur rechten Zeit am rechten Ort und wird mit den Menschen zusammengeführt, mit denen er zu einem bestimmten Zeitpunkt zusammen sein soll. Deshalb ist es wichtig, sich vorzubereiten, die Aufmerksamkeit nach innen zu lenken und wieder auf das Innere zu hören.

Die innere Stimme können wir am deutlichsten vernehmen, wenn die Aktivität des Geistes zur Ruhe gebracht worden ist. Menschen, die sehr rational sind, haben es generell etwas schwerer, die leise intuitive Stimme wahrzunehmen, da die erhöhte mentale Aktivität die Intuition überlagert. Da in Schule, Universität und Beruf hauptsächlich und einseitig die Ratio entwickelt und gefördert wird, lebt und gestaltet die Mehrheit der Menschen ihr Leben nach wie vor aus der rationalen Ebene und ignoriert ihre Intuition. Wenn wir die innere Stimme ignorieren, müssen wir unsere Lektionen oft durch Leid lernen. Letztendlich ist aber auch diese Art von Erfahrung wichtig.

Für Menschen, die von Natur aus mit ihrer Seele stark verbunden sind, ist die innere Stimme ihr innerer Kompass, der sie aus dem Herzen leitet und führt. Sie können die Zeichen, die vom göttlichen Bewusstsein an sie gesendet werden, erkennen, sie auf die richtige Weise deuten und nach ihnen handeln. Dies ist der Schlüssel dafür, dass sich die Tür für Wunder im Leben öffnen kann. Für den stark rationalen Menschen erscheinen die Handlungen des seelengeleiteten Menschen nicht immer logisch und nachvollziehbar. Menschen, die die Führung durch ihre Seele zulassen, verstehen sich jedoch, je nach Ebene, untereinander. Sie sprechen eine ähnliche Sprache.

Es gibt einige Kriterien, anhand derer wir uns orientieren und erkennen können, ob es sich um eine Intuition oder um einen Impuls aus dem Ego handelt. Informationen, die z. B. aus der Seele kommen, haben einen übernatürlichen Charakter. Sie bestechen durch ein Gefühl von klarem Wissen, das sich rational nicht erklären lässt. Man weiß, ohne zu wissen woher. Diese innere Wahrheit ist unverrückbar und hält jeder Prüfung und Unwahrheit stand. Auch wenn wir sie zunächst abwehren oder nicht wahrhaben wollen, werden wir immer wieder an den Punkt geführt, an dem wir ihren Wahrheitsgehalt anerkennen müssen.

Wenn wir Momente berühren, die mit der intuitiven Stimme im Zusammenhang stehen, scheinen wir mühelos in Ereignisse hineinzufließen. Es fühlt sich an, als sei der Weg bereits für uns geebnet und wir müssten nur noch auf ihm gehen. Damit verbunden sind Gefühle der Freude, Leichtigkeit, Gelassenheit, Harmonie und des Friedens. Manchmal kann auch ein reinigender Schmerz spürbar werden. Dies geschieht dann, wenn es darum geht, alte Lebenskonzepte für höhere loszulassen. Folgen wir unseren Intuitionen, bringen sie uns unmittelbar gute Früchte.

Wenn wir den Handlungsimpulsen aus dem Ego folgen, erfahren wir hingegen, wie der Lebensfluss ins Stocken gerät. Wir erleiden unmittelbar Energieverluste und fühlen uns verstrickt und beschwert. Wir können zudem das Gefühl haben, festgehalten zu werden und/oder auf der Stelle zu treten. Der Sinn hinter dieser Erfahrung ist, dass wir aus dem Inneren aufgefordert werden, genauer hinzuschauen und zu erkennen, wo wir uns nicht im Einklang und in Harmonie mit unserer Seele und den Naturgesetzen verhalten. Man könnte diesen Vorgang auch als liebevolle Erziehungsmaßnahme der Natur verstehen. Gefühle, die das Ego entlarven, sind Eifersucht, Neid, Ärger, Angst, Scham, Schuld, Wut, Aufregung etc. Sie belasten uns und unsere zwischenmenschlichen Beziehungen. Haben wir unsere Lektionen gelernt und unser Verhalten korrigiert, kommt der Lebensfluss wieder ins Fließen.

Wie schnell wir unsere Lektionen lernen, hängt von uns selbst ab. Wir können sie innerhalb weniger Sekunden lernen oder innerhalb mehrere Leben. Am besten ist es, man bemüht sich, sie gleich zu lernen. So spart man sich viel

Leid und Zeit und kann sich schneller an den höheren Möglichkeiten der Seele erfreuen. Meistens finden wir unseren Fehler, indem wir uns fragen, wo habe ich nicht aus der bedingungslosen Liebe heraus gehandelt?

EINE INDIVIDUELLE BEZIEHUNG ZUM GÖTTLICHEN

Für den bevorstehenden Weltenwandel wird eine persönliche Beziehung zum Göttlichen von großer Bedeutung sein. Das wird uns in der kommenden Zeit den nötigen Schutz geben.

Im Satyayuga werden wir wieder auf ganz natürliche Weise mit dem Göttlichen in unserem Herzen verbunden sein. Dabei ist es nicht wichtig, ob wir einer Religion zugehörig sind, und wenn wir einer angehören, zu welcher wir uns bekennen. Es ist auch nicht entscheidend, in wessen Namen wir das Göttliche verehren. Dies kann derjenige göttliche Aspekt sein, mit dem wir uns am stärksten verbunden fühlen wie z. B. Jesus, Gott, Babaji, Buddha, Krishna, Shiva, Mutter Maria, Hunab´Ku, Wakan Tanka, Aloah, Allah, etc. Wenn wir mit all diesen göttlichen Aspekten und Namen ein Problem haben, können wir auch einen persönlichen Namen wählen, der mit uns im Einklang ist, wie z. B. allumfassendes Bewusstsein, große Kraft, göttliche Schöpfung, Schöpfer oder Natur. Entscheidend ist nicht der Name, sondern, dass wir und wie wir in einer persönlichen Beziehung mit dem Göttlichen sind.

Hier zählen essenzielle Qualitäten, wie bedingungsloses Vertrauen, Liebe, Frieden, Vergebung Freiheit, Hingabe und Glauben.

Ich begegne immer wieder Menschen, die in der Vergangenheit erfahren haben, dass fanatische Lehrer, Großeltern und Eltern versucht haben, ihnen in ihrer Kindheit den Glauben der christlichen Kirche oder den anderer Glaubensrichtungen aufzuzwingen. Sie wurden missbräuchlich an den Glauben herangeführt und haben in diesem Zusammenhang teilweise emotionalen und körperlichen Missbrauch erfahren müssen. Bis heute können wir erleben, wie sich Teile der Welt im Namen Gottes bekriegen. Das beengende und unfreie Gottesbild, das sich vielen Menschen im Außen zeigt, erzeugt auf verständliche Weise Widerstand.

Dabei ist dieses Bild ausschließlich von den Menschen selbst kreiert worden und hat nichts mit Spiritualität und dem göttlichen Bewusstsein an sich zu tun. Aus menschlicher Sicht geht es um Rechthaberei, Macht, Ignoranz und Egoismus. Das Göttliche hingegen ist Universalität, Frieden, höchste Liebe und Freiheit!

Das Problem vieler Menschen ist, dass ihr Widerstand die einzigartige Verbindung zum Göttlichen in ihrem Herzen blockiert. Ich empfehle jedem, sich seiner Verletzungen und Projektionen bewusst zu werden, sie aufzulösen und sich dem Göttlichen auf eine neue, unbefangene und freie Weise im Herzen anzunähern. Die Begegnung mit Gott ist intim, persönlich und findet ganz individuell im

Herzen eines jeden Menschen statt. Dafür müssen wir uns keiner Religion oder spirituellen Richtung anschließen. Ist man allerdings mit einer Tradition besonders verbunden, kann man sich mit derjenigen verbinden, die dem eigenen Wesen entspricht. Ich habe diesbzgl. mal einen wunderbaren Spruch von einem Sufi-Meister gelesen, der mich auch heute noch begleitet und berührt. Sinngemäß ging es in diesem Spruch darum, dass ein wahrer spiritueller Mensch Gott in der Kirche, in einer Moschee, in einer Synagoge, in der Natur, in einem Hindutempel oder in einer Schwitzhütte gleichermaßen begegnen kann.

Gott ist in uns alle Zeit und wohnt in unserem Herzen. Er ist mit uns, egal wohin wir gehen. Gott ist das Dunkle und das Helle gleichzeitig, aber in seiner Essenz ist er bedingungslose Liebe, ist Harmonie und Frieden, ist Kreativität und Freude, die aus sich selbst heraus strahlt. Er ist der Funke Göttlichkeit in uns, der ein Abbild seiner Herrlichkeit ist, zu der auch wir aufblühen können, wenn wir das Bewusstsein von Egoismus reinigen. Das Dunkle wurde erschaffen, damit wir im Spiel der Dualität sein Licht in uns erkennen können. Seine Herrlichkeit jenseits der Dualität zu erfahren ist das, was er uns in Wahrheit durch unsere Seele erfahrbar lassen werden will.

Ich möchte an dieser Stelle ein Gedicht teilen, das ich im September 2015 geschrieben habe. Ich habe selbst einen Prozess durchlaufen müssen, in dem ich viele Projektionen in meiner Beziehung zum Göttlichen auflösen durfte. Dieses Gedicht krönte den Abschluss meines eigenen

Heilungsprozesses. Ich möchte es an dieser Stelle mit der Intention und Hoffnung veröffentlichen, dass es vielleicht auch andere Menschen in ihrem Prozess dienen kann.

Ein Gedicht
Gott – Wer bist Du?

Ich bin das liebevollste Gefühl in Deinem Herzen,
nach dem Du Dich immer sehnst,
wenn Du es nur einmal erfahren hast.
Ich bin Deine liebevollste Handlung,
dein liebevollstes Wort,
dein liebevollster Gedanke,
die Dich und andere in Freude erquicken.

Ich bin der, der immer da ist und Dich niemals verlässt,
auch dann nicht,
wenn Du Dich in den Wirrungen Deines Lebens verstrickst
und Du andere Dinge wichtiger nimmst als mich.

Ich bin der, der Dir nie mehr auferlegt, als Du tragen kannst,
der voller Vertrauen in und Glauben an Dich ist,
dass Du alles schaffst, was ich Dir aufgetragen habe,
und dass Du danach noch größer bist.

Ich bin der, der Dich immer liebt.
Ich bin der, der Dich segnet, Dich schützt,
der alles zum Guten wendet,

wenn Du mir Dein Leben gibst,
mich liebst
und mir vertraust und mich in allem an die erste Stelle setzt.
Ich bin der, der Dir dann alles gibt.

Ich bin der, der mit Liebe und Verständnis auf Dich blickt.
Ich bin der, der, wenn Du ihn mit Deinem ganzen Herzen rufst und fragst, zur Stelle ist
und das ganze Universum bewegt und alle Flaggen hisst,
um Dir die Antwort zu geben.
Der, der die ganze Schöpfung nutzt und Zeichen setzt,
damit Du sie hören kannst.
Ich bin der, der nie ergebnislos gerufen werden kann.

Ich bin der, der immer beständig ist,
ich bin Deine Heimat, da wo Dein Ursprung ist.
Ich bin der, der immer nur einen Gedanken von Dir entfernt ist,
wenn Du Deine Heimat verlässt.

Ich bin der, der sich niemals von Dir abwenden wird,
egal in wie viel Hader und Zweifel du steckst.
Ich bin Dein Vater und Deine Mutter zugleich.
Stark und bestimmt, sanft und weich.

Ihr seid meine Kinder, alle gleichermaßen geliebt,
ich bin der, der seine Liebe niemals entzieht.

Ich bin der, der alle seine Kinder kennt
und der Dir alles schenkt,
wenn Du bereit bist zu empfangen.
Ich bin die unendliche Fülle, die Heilung und das Licht.
Ich bin der, der der hält und erfüllt was er verspricht,
wenn Du meinen Worten vertraust.
Ich bin der, der nur zwei Regeln gibt zum Glück:
Mich und Dein gegenüber zu lieben.
Ich bin nur da, um zu geben, zu geben, zu geben.

Ich bin der, der darauf wartet,
dass Du der materiellen Schöpfung den Rücken kehrst,
um meinen Armen wieder entgegenzulaufen,
damit Du das höchste Licht und Glück,
die höchste Freude und Liebe erfährst.

Ich bin der, der Dir immer wieder Gelegenheiten schickt
und niemals damit aufhören wird,
bis Du zurück in meinen Armen bist.
Meine Liebe bleibt immer ein freiwilliges Angebot an Dich.

Ich bin der, der Dir schon lange vergeben hat,
bevor Du Dir selbst vergibst,
und der Dich lehrt, Dir selbst und anderen zu vergeben.

Ich bin der, der Dir einen Platz für Deine Einzigartigkeit gibt.

Der Deine Seele nährt und Dein Herz mit Ekstase und
Freude erquickt.
Der Dich genährt in die Welt hinaus schickt.
Du bist mein einzigartiges Geschöpf.

Ich bin das unendliche Wissen, die Wahrhaftigkeit,
der mit den tausend Namen, der immer weiß,
was das Beste für Dich ist.

Ich bin der, der durch Dich wirkt und Dich leise lenkt
und Dich zu Deinen großartigsten Gedanken
und Handlungen bringt,
sich aber niemals aufdrängt.

Ich bin der, der Dich kennt
bis in den letzten Winkel Deines Seins.

Ich bin der, der ewig freudig und liebend, segnend und
akzeptierend ist.
Ich bin der, der wenn Du ihn erfährst und erkennst,
Dich wissen lässt:
Dass Du selbst der Schöpfer bist.

GEDICHT VON
STEPHANIE BUNK, SEPTEMBER 2015

Manche Menschen fragen mich in Vorträgen, wenn Gott doch Liebe ist, wie kann er es dann zulassen, dass so ein großes Leid in Form von einem eventuellen Krieg und Naturkatastrophen über die Menschen kommen könnte. Das würde das Bild des strafenden Gottes doch nur unterstreichen. Ich antworte ihnen dann, dass wir Menschen selbst es sind, die durch Nichtachtung der Naturgesetze und unserem freien Willen die aktuelle Situation herbeigeführt haben. Das hat herzlich wenig mit der göttlichen Quelle an sich zu tun. Durch unseren freien Willen haben wir entschieden, Kriege zu führen und die Erde so zu missbrauchen, wie wir es aktuell tun. Unsere Seele hat sich außerdem freiwillig entschieden, sich auf die irdische Erfahrung mit all ihren aktuellen Gegebenheiten einzulassen. Zudem erhalten wir durch das Göttliche immer wieder Möglichkeiten, Warnungen und Hilfen, um unsere Situation zum Positiven zu verändern.

Das Problem jedoch ist, dass viele Menschen derart in ihrer Ignoranz gefangen sind, dass sie sich der Dringlichkeit der Veränderung der aktuellen Situation nicht bewusst werden, geschweige denn, sie ernst nehmen. Dadurch übersehen sie auch die Chancen die sich ihnen bieten. Das, was z.B. aktuell geschieht, ist ein Akt der Liebe und keine Strafe. Die Erde und die Menschen erhalten die Chance zu heilen. Aber ohne unsere Mitarbeit ist es nicht möglich.

WEGE ZUM GÖTTLICHEN

Viele Meister liefern uns wichtige Hinweise in Bezug darauf, wie es uns im Zeitalter des Kaliyugas gelingen kann, die Beziehung zum Göttlichen aufzubauen und seine Gnade zu erlangen. Drei Wege, durch die uns dies möglich wird, heißen: Karma Yoga, Gebet und das beständige Wiederholen eines der vielen Namen Gottes. Durch die Führung meiner geistigen Lehrer, kann ich diese bestätigen.

Karma Yoga

Im Zeitalter des Kaliyuga zählt «Karma Yoga» aus göttlicher Sicht zu der höchsten und wichtigsten Form des Yogas. Karma Yoga ist der selbstlose Dienst zum Wohle der Menschheit, der Erde und der Schöpfung. Zum Karma Yoga zählen alle Handlungen, die die menschliche und weltliche Entwicklung konstruktiv, positiv und im Einklang mit den Naturgesetzen fördern und die dem Göttlichen dargebracht werden, ohne an ein bestimmtes Ergebnis zu haften.

Jede ausgeführte Handlung kann generell Karma Yoga sein. Ob sie das ist, entscheidet das Motiv hinter einer Handlung. Ist dieses materiell-egoistisch orientiert, ist die Handlung kein Karma Yoga. Wird sie hingegen selbstlos und mit Hingabe an und Liebe für Gott ausgeführt, wird sie zu Karma Yoga. Ein Beispiel soll dies verdeutlichen:

Ein Sänger lässt die Songtexte und das musikalische Arrangement seiner Lieder durch Musikproduzenten entwickeln, so wie es in der Musikindustrie heute oft der Fall ist. Er will in den Charts ganz weit nach oben kommen und berühmt werden. Zudem will er viel Geld verdienen. Seine Grundmotivation ist materiell-egoistisch orientiert. Das ist kein Karma Yoga.

Ein Musiker schreibt spirituelle Lieder. Seine Texte empfängt er in inspirierten Momenten. Auch die Musik zu den Texten produziert er selbst. Der ganze Prozess bis zur Herausgabe der CD ist ein schöpferischer, kreativer Akt. Er steckt sein Herz und seine Liebe in seine Arbeit. Auf allen Ebenen gibt er sein Bestes. Vordergründig geht es ihm nicht darum, berühmt zu werden und viel Geld zu verdienen, sondern durch seine Musik Gott zu verehren und die Herzen anderer Menschen zu berühren. Die Entscheidung darüber, ob er mit seiner Musik erfolgreich sein wird oder nicht, überlässt er dem Göttlichen. Für ihn zählt der Prozess und nicht das, was am Ende dabei herauskommt. Die Grundmotivation seiner Handlung ist selbstlos dienend. Das ist Karma Yoga.

Der Karma-Yogi bevorzugt generell keine bestimmte Form von Arbeit. Jede Arbeit erachtet er als wichtig und gleichwertig. Egal, ob es dabei darum geht, eine Toilette zu putzen oder große Reden zu halten. Er arbeitet dort, wo er gebraucht wird und wo er sich mit seinen Fähigkeiten einbringen kann. Das Hauptmotiv seiner Arbeit ist die Liebe zu Gott und Gott zu erfreuen. Er sieht deshalb in jeder Situation eine Gelegenheit, Gott zu dienen. Dadurch spendet er denen Trost, die Trost brauchen, packt dort an, wo Hilfe benötigt wird, schenkt denen sein Ohr, die in Not sind, usw.

Ein Karma-Yogi erwartet auch keine Anerkennung und einen Ausgleich für das, was er für andere tut. Sein Geben ist freigiebig und bedingungslos. Er weiß in seinem tiefen

Vertrauen zu Gott, dass Gott seine Bedürfnisse kennt und das, wenn er selbst wirklich etwas braucht, seine Bedürfnisse direkt von der göttlichen Quelle erfüllt werden. Deshalb bleibt er stets gleichmütig und besonnen.

Durch Karma Yoga erhält jeder Mensch, der es praktiziert, die Möglichkeit, seine Fähigkeiten und sein ihm innewohnendes Potenzial zu entdecken und zur Entfaltung zu bringen. Die entwickelten Gaben und gewachsenen Fähigkeiten setzt er dann wiederum ein, um dem Wohl aller zu dienen. Dadurch wächst er über seine Begrenzungen hinaus und erweitert sich und seine Perspektive auf das Leben.

Durch Karma Yoga wird das Herz gereinigt und der Charakter eines Menschen wie ein Rohdiamant geschliffen. Ein Mensch, der mit Karma Yoga beginnt, begegnet oft zunächst erst einmal allen Lieblosigkeiten, Begrenzungen und Egoismen in seinem Inneren und erhält die Chance, diese durch den selbstlosen Dienst zu transformieren. Er wird schrittweise von seinen egoistischen Motiven gereinigt und nimmt eine ganzheitlichere und universellere Perspektive auf das Leben ein. Er entfaltet seine ihm innewohnende Göttlichkeit und kommt seinem ursprünglichen göttlichen Kern dadurch näher.

Karma Yoga ist die höchste Form von Arbeit, die ein Mensch ausführen kann. Durch Karma Yoga können wir die Gnade Gottes erlangen und unser negatives Karma auflösen. Dies führt die Seele zur Befreiung vom Rad der Wiedergeburten. Wenn uns das Göttliche mit einer Möglichkeit segnet zu dienen, sind wir eingeladen, von ganzen Herzen «Ja» zu sagen und die uns zugewiesene Arbeit mit Freude auszuführen. Wir können uns nicht vorstellen, wie groß und wichtig der darauf folgende Segen für uns sein wird.

GEBET

Interessanterweise ist das Gebet weltweit wichtiger Bestandteil aller religiösen und spirituellen Traditionen. Gebete haben eine große Kraft. Sie können mögliche Ereignisse in der Schöpfung positiv beeinflussen und verändern. Gebete sind das größte Geschenk, das wir einem anderen Menschen und der Erde überhaupt machen können. Dies zu wissen ist vor allem in der aktuellen turbulenten Zeit von großer Bedeutung, denn wir erhalten die Möglichkeit, für den Schutz anderer Menschen und für so wenig Leid wie nur möglich zu beten. Das Heil liegt in der geistigen Welt.

Es gibt von dem amerikanische Professor Dr. William Brauds und dem japanischen Wissenschaftler Masaru Emoto interessante Studien, die den Einfluss von Mentalkräften und Gebeten auf die Materie wissenschaftlich untersucht haben.

Dr. William Brauds konnte in einer Studie nachweisen, dass der Sterbeprozess von roten Blutzellen in die Länge gezogen werden konnte, wenn eine Gruppe von 30 Personen versuchte, ihrem Zerfall mental entgegenzuwirken. Der japanische Wissenschaftler Masaru Emoto konnte

u. a. zeigen, dass bestimmte Wortschwingungen, Gebete und Klänge die kristalline Struktur von Wasser beeinflussen. Je nachdem, ob sie positiv oder negativ ausgerichtet waren, richtete sich die kristalline geometrische Struktur des Wassers harmonisch oder disharmonisch aus.

Im Gebet bauen wir unsere Beziehung zum Göttlichen auf und festigen diese. Die höchste Form des Gebets ist dasjenige, welches wahrhaftig aus dem Herzen kommt und in aufrichtiger Liebe und Hingabe geschieht. Diese Art von Gebet erreicht das Göttliche unmittelbar und auf dieses wird es zeitnah antworten.

Je nach Situation können wir eine Form des Gebets wählen, das unserer aktuellen Situation entspricht wie z. B. ein Dankesgebet, Schutzgebet oder Bittgebet. Wir können der göttlichen Quelle aber auch einfach mitteilen, was unser Herz bewegt. Während des Gebets können wir mit dem Göttlichen wie zu einem Freund, Geliebten, Elternteil oder Lehrer sprechen.

In Zeiten des Gebets sind wir besonders empfänglich für die Präsenz und Führung des Göttlichen. Es kann uns u. a. als sanftes, liebevolles, wegweisendes Gefühl im Herzen begegnen oder aber auch in Form von Gewissensbissen, wenn es uns auf Fehler und die Notwendigkeit ihrer Korrektur hinweisen will.

Auch wenn man bisher vielleicht eher zu den Menschen gezählt hat, die nicht an die Existenz einer höheren Kraft glaubten, kann man dennoch einfach mal einen Gebetsversuch wagen. Man hat nichts zu verlieren, ganz im Gegenteil.

DIE KRAFT DES NAMEN GOTTES

Das Göttliche hat unzählige Namen: Gott, Allah, höchstes göttliches Bewusstsein, höheres Selbst, Hunab'Ku, Wakan Tanka, Aloah, Buddha, Krishna, Shiva, um nur einige zu nennen. Der Name Gottes erzeugt die höchste harmonische energetische Schwingungsfrequenz. Er reinigt das Bewusstsein von Anhaftungen und Egoismus und erzeugt Harmonie, Reinheit, Liebe, Frieden und Freude.

Wenn wir den Namen Gottes bewusst singen oder innerlich chanten, verbinden wir uns mit diesen positiven essenziellen Qualitäten und laden sie ein, in unserem Leben zu wirken.

Den Namen des Göttlichen können wir z. B. in Form eines Mantras wiederholen. Mantren spielen in vielen spirituellen und religiösen Kulturen eine wichtige Rolle. Durch unzählige Wiederholungen von Meistern und Menschen über die Jahrtausende hinweg, haben sich auf der feinstofflichen Ebene starke energetische Kraftfelder aufgebaut, in die wir uns durch die Mantra-Rezitation einklinken können. Mantren funktionieren dabei wie der Frequenzregler eines Radios. Hat man die richtige Frequenz eingestellt, kann man sich mit der gewünschten Energiefrequenz verbinden.

Jeder kann wählen, welche Form der Mantra-Rezitation zu ihm und seinem Weg passt. Aus dem Sanskrit eignen sich z. B. die Mantren «Om Namah Shivaya» («Herr Dein Wille geschehe») oder «Hare Krishna».

Es besteht auch die Möglichkeit, dass man durch einen Meister eine Mantraweihe erhält und dann ein persönliches Mantra empfängt, mit dem man praktiziert. Dies ist mit göttlichem Licht am stärksten aufgeladen. Letzteres bringt die innere Entwicklung am schnellsten voran.

DEM HERZEN FOLGEN

Der moderne Mensch ist von materiellen Wünschen und dem Streben nach materieller Wunscherfüllung stark getrieben. In der Außenwelt jagt er seinen Zielen nach, definiert sich über ihre Erfüllung und leidet, wenn unerwartete Ereignisse in sein Leben treten, die seine Pläne durchkreuzen. Dadurch ist er im Inneren oft mit Anspannung, Angst, Unruhe und Unfrieden konfrontiert.

Solange er im Außen sucht, was er nur im Inneren finden kann, wird er immer wieder an den Punkt geführt werden, an dem er erkennen darf, dass das Streben nach äußerer Wunscherfüllung nur zu kurzfristiger Freude führt und am Ende in die Leere. Je nachdem, welche karmische Saat im Menschen angelegt ist, erkennen manche Menschen dies früher, andere später.

Irgendwann müde geworden von den Erfahrungen der Leere der materiellen Welt, beginnt der Mensch eine Sehnsucht nach etwas Größerem zu spüren und begibt sich auf die Suche danach. Meistens markiert dieser

Moment eine Wende auf seinem Lebensweg und den Beginn seines spirituellen Erwachens.

Ab diesem Zeitpunkt beginnen sich viele Menschen auf dem spirituellen Weg weiterzubilden. Sie lesen Bücher über spirituelle Themen, suchen Inspiration bei spirituellen Lehrern oder besuchen Veranstaltungen und Seminare etc.. Diese Zeit ist eine wichtige Phase, die irgendwann zu dem Punkt führt, dass wir unsere spirituelle Heimat finden und sich unsere wahren individuellen Aufgaben zu offenbaren beginnen. Unser spiritueller Weg wird ab diesem Punkt individueller, fokussierter, tiefer und zielgerichteter. Z. B. sind wir in einer spirituellen Tradition angekommen, mit der wir uns tief verbunden fühlen und die unserer Seele entspricht. Oder wir haben eine Praktik gefunden, mit der wir uns auf dem inneren Weg vertiefen.

Auf diesem Weg, tritt der Eigenwille des Menschen immer mehr in den Hintergrund und die göttliche Führung übernimmt das Ruder. Eigenwille bedeutet an dieser Stelle egogeleiteter Wille, der auf Selbstbezogenheit basiert. Der Mensch glaubt, dass er sich um die Befriedigung seiner Bedürfnisse selbst kümmern muss.

Eigenwillig wird man manchmal auch von seinen Mitmenschen genannt, wenn man der gesellschaftlichen Norm nicht entspricht und seinem Herzen folgt. Hier ist eine Unterscheidung wichtig. Der egogeleitete Wille führt uns von Gott weg. Wenn wir hingegen unserem Herzen folgen, das unsere Seelenwünsche repräsentiert, kommen wir Gott näher.

Den Eigenwillen aufzugeben, ist für einen Menschen vermutlich einer der herausforderndsten Schritte auf seinem spirituellen Weg, aber es ist auch der Schönste. Der Mensch gibt die Kontrolle des Egos auf und begibt sich in seine wahre dienende spirituelle Identität. Zu diesem Zeitpunkt hat er tief und demütig erkannt, dass ihn sein Eigenwille von der Einheit trennt und er in Anbetracht der Weisheit Gottes unwissend und begrenzt ist. Er übergibt sein Leben vertrauensvoll in die Hände Gottes und vertraut sich vollkommen seiner Weisheit und seinem Wissen an.

Viele Menschen haben an diesem Punkt Angst, dass sie ihre Identität verlieren könnten. Dies ist jedoch nicht der Fall und nur eine Angst des Egos. Wir geben an diesem Punkt schlichtweg unsere falsche Identität auf, die auf falschen Glaubens- und Reaktionsmustern basiert und erheben uns auf eine höhere Ebene des SEINS. Dieses SEIN ist um vieles freudvoller, erfüllter und liebevoller als es das Ego jemals sein könnte.

Um diesen Schritt gehen zu können, ist es wichtig, dass wir zunächst unser Vertrauen in Gott stärken, indem wir uns bewusst machen, dass sein Wesen grenzenlos gut und erfüllt ist von bedingungsloser Liebe für uns. Sein Wille wünscht das Beste für jeden und will uns zu höchster Harmonie und Freude führen.

Wenn man einige Male erfahren hat, wie sich Wunder entfalten, dann weiß man um diese Kraft und Liebe und das kein Mensch der Welt jemals in der Lage sein wird, uns das zu geben, was das Göttliche uns zu geben vermag. Denn es kennt uns wie kein anderer Mensch und es kennt uns mehr als wir uns selbst. Es weiß um unsere wahre Identität und will uns zu dieser hinführen. Es kennt unsere Stärken, Aufgaben und Schwächen, mit denen wir uns auf die Erde inkarniert haben. Es weiß auch, um unsere wahren Bedürfnisse und wünscht uns diese zu erfüllen.

Leben wir im Einklang mit unserer wahren Identität, wird das Leben reif, frei, liebevoll, friedvoll, freudvoll, harmonisch, tief und erfüllt.

Indem wir immer dann, wenn wir spüren, dass wir uns im Wollen und Wünschen unseres Egos verstrickt haben, zu Gott beten und sagen: «Bitte führe mich zu meiner Wahrheit.» oder «Vater, Du weißt, was ich brauche, gestalte Du mein Leben im Einklang mit Deinem Willen.», befreien wir uns von unseren niederen egoistischen Wünschen und öffnen die Tür dafür, dass all die Dinge in unser Leben kommen können, die unseren wahren Seelenwünschen entsprechen. Wir müssen allerdings akzeptieren, dass das Göttliche sie auf seine Weise erfüllt und nicht so wie wir es vielleicht erwarten.

DIE SCHÖPFUNG ACHTEN

Mit großer Selbstlosigkeit schenkt uns die Erde, alles was wir zum Leben brauchen. Sie schenkt uns Land, das wir bebauen und bewohnen dürfen, damit wir ein Dach über dem Kopf haben. Sie gibt uns vielfältige und schmackhafte Nahrung, Luft zum Atmen, Wasser zum Trinken, Kräuter, um zu heilen. Alles was auf der Erde existiert, war ursprünglich rein und wurde dem Menschen in Liebe bereitet, um seinem Wohlergehen, seiner Freude und seinem Heil zu dienen. Doch durch zunehmenden Egoismus und Gier hat der Mensch die Reinheit der Erde zerstört und sich selbst und die Natur krank gemacht.

Menschen, Tiere, Pflanzen und die Erde sind über EIN sie einendes universelles Bewusstseinsfeld verbunden. Nichts existiert unabhängig voneinander. Alles, was innerhalb dieses Bewusstseinsfelds geschieht, steht in Wechselwirkung zueinander. D. h. verhalten wir uns als Spezies Mensch destruktiv, hat das zerstörerische Auswirkungen auf alle anderen Lebewesen. Gehen wir hingegen liebevoll und achtsam mit der Schöpfung und anderen Lebewesen um, verstärken wir die heilenden Kräfte.

Die Schöpfung zu achten, bedeutet, allen Lebewesen gleichermaßen mit Fürsorge, Liebe, Respekt und Achtung zu begegnen. Dies beinhaltet die Pflanzen- und Tierwelt, unsere Mitmenschen und die Erde gleichermaßen. Würden alle Menschen konsequent danach leben, gäbe es auf der Erde keine Kriege mehr und wir würden uns das Paradies auf Erden erschaffen.

Wie können wir der Natur zu ihrer ursprünglichen Reinheit verhelfen und aus der einseitigen Beziehung zu ihr heraustreten? Wie können wir das Paradies wieder zurück auf die Erde holen? Es gibt viele Möglichkeiten, wie wir uns für eine bessere Welt auch im kleineren Rahmen einsetzen können. Jede noch so kleine positive Handlung ist bedeutsam. An dieser Stelle sollen diesbzgl. einige wichtige Themen angeschnitten werden.

Kraftorte aufbauen

Kraftorte aufzubauen ist wichtig, da sie das energetische Gleichgewicht der Erde stärken. Ein Kraftort ist ein Ort mit einer besonders hohen lichtvollen Schwingung, die auf die Umgebung ausstrahlt. Wenn man sich an diesem Ort aufhält, wird die eigene Schwingung angehoben und man fühlt sich kraftvoller, friedvoller, harmonischer und freudvoller. An so einem Kraftort fällt es einem zudem leichter, sich mit höheren Bewusstseinszuständen zu verbinden.

Wir können einen Beitrag zur positiven Veränderung in der Welt leisten, wenn wir einen Kraftort an unserem Wohnort entstehen lassen und die geistige Welt einladen durch diesen zu wirken. Einen Kraftort entstehen zu lassen ist im Grunde genommen einfach.

Zunächst wählt man liebevoll einen geeigneten Platz in seiner Wohnung oder in seinem Garten aus. Dort baut man einen Altar auf. Man kann einen kleinen Tisch aufstellen, eine Tischdecke darauf legen und persönliche Gegenstände auf ihm platzieren wie z. B. Bilder vom spirituellen Lehrer, Kerzen, Kristalle, Duftlampe usw. Der Kreativität sind keine Grenzen gesetzt.

Energetisch aufladen können wir den Ort, indem wir an ihm meditieren, täglich Räucherstäbchen und Kerzen anzünden, der geistigen Welt etwas zu essen und zu trinken darbringen, sowie beten und kleine Rituale praktizieren. Es gibt z. B. vedische Zeremonien wie das «Arati» (Lichterzeremonie) oder «Agni Hotra» (Feuerzeremonie), die reinigend auf die Atmosphäre wirken und sie mit Licht aufladen. Das Ritual muss nicht unbedingt vedischen Ursprungs sein. Es kann der Tradition entspringen, mit der man sich am stärksten verbunden fühlt. Am Wichtigsten ist, dass es mit Liebe und Herz ausgeführt wird.

Ich möchte an dieser Stelle eine persönliche Erfahrung teilen, die mich tief berührt hat:

Als ich im Mai 2014 das Yoga- und Siddhazentrum in Markdorf eröffnete, war es mir wichtig, ein tägliches Ritual für meine geistigen Lehrer Agastya Rishi und Lubamitra zu finden, um meine Liebe ihnen gegenüber auszudrücken. Ich hatte während meiner Yogalehrerausbildung das Arati kennengelernt und so begann ich, es täglich morgens und abends zu praktizieren. Ein Arati ist eine Zeremonie, in der man Licht vor einem Altar schwenkt und es der geistigen Welt darbringt, während man bestimmte Mantren rezitiert.

Am Anfang war ich in meiner Verehrungszeremonie noch unsicher und zurückhaltend. Ich zündete täglich Räucherstäbchen und Kerzen an, so wie ich es in den indischen Tempeln gelernt hatte. Manchmal legte ich Obst auf den Altar, manchmal legte ich keines hin.

Eines Tages erhielt ich von Agastya und Lubamitra eine Nachricht über die Palmblattbibliothek, über die sie mir mitteilen ließen, dass sie sehr glücklich über das Arati und die Lichter seien, die ich täglich im Zentrum anzünde. Jedoch würde ich manchmal Obst hinlegen und manchmal keines. Ich sollte immer Obst hinlegen.

Die Nachricht berührte mich tief. Seit diesem Zeitpunkt liegen immer Obst oder Süßigkeiten im Zentrum, die ich an die Schüler verteile. Durch das Arati wird das Obst zu Prasadam, d. h. zu gesegneter Nahrung.

SELBSTVERSORGUNG

Im letzten Sommer bin ich bei einem Spaziergang an drei Kirschbäumen vorbeigekommen, die mit roten Kirschen voll behangen waren. Die prallroten Kirschen lächelten mich förmlich an und ich musste sie kosten. Sie waren unglaublich lecker und süß. Zwei Wochen später kehrte ich an denselben Platz zurück. Die Kirschen waren nicht gepflückt und hingen verschimmelt am Baum.

Dieser Situation bin ich in den letzten Jahren oft begegnet. Es ist für mich immer wieder erstaunlich, dass sich eine Gesellschaft leisten kann, gesunde und Lebenskraft spendende Früchte ungeachtet am Baum hängen zu lassen und das sie stattdessen das denaturierte, energielose und pestizidverseuchte Essen aus dem Supermarkt bevorzugt.

Meines Erachtens, spiegelt das die aktuelle Beziehung des Menschen zur Natur auf sehr bildliche Weise wider. Die momentane Situation in Bezug auf Nahrung ist äußerst bedenklich und sollte uns nachdenklich stimmen. Sie ist insofern erschreckend, weil sie deutlich macht, wie groß die Trennung des Menschen von der Natur mittlerweile ist. Früher war es natürlich, im Einklang mit der Natur zu leben und auch ökologische Nahrungsmittel anzubauen. Heutzutage ist das Saatgut gentechnisch verändert und der Mensch braucht Biosiegel, um die Reinheit der Nahrung zu kennzeichnen. Und selbst dann ist nicht garantiert, dass sie wirklich rein ist. Zudem wird ein Großteil der Ernte einfach weggeschmissen, nur weil sie in Bezug auf die Form nicht den gesetzlichen Richtlinien entspricht.

Im Zeitalter der Medien scheinen die natürlichen Instinkte des Menschen regelrecht abgestumpft und die intuitiven Impulse aus dem Inneren von künstlichen überlagert. Viele Menschen erscheinen grau, übersättigt, unglücklich und eher leblos als von Lebenskraft durchdrungen. Der Anstieg der Zivilisationskrankheiten und psychiatrischen Erkrankungen spricht dabei für sich. Aus dem materiellen Überfluss heraus sind wir kaum noch in der Lage, die Geschenke der Natur wertzuschätzen.

Es ist dringend an der Zeit, dass wir unsere Verhaltensweisen gegenüber der Natur ändern und zum Einklang mit ihr zurückkehren. Wenn viele Menschen im Rahmen ihrer Möglichkeiten bereit sind, ihren Lebensraum konsequent umzugestalten, so dass er wieder in Harmonie mit der Natur kommt, können wir gemeinsam eine große Veränderung einleiten. Dabei sollten wir nicht warten, bis entsprechende Bewegungen durch Politiker initiiert werden. Es ist eine Veränderung, die die Bevölkerung selbst initiieren muss. Denn die Zeit rennt. Viele Politiker scheinen die Brisanz der Situation überhaupt nicht wahrnehmen zu wollen. Anstatt sich diesem Thema einheitlich zu widmen, wird dem Kapitalismus und dem Erhalt von Machtpositionen nach wie vor der Vorrang gegeben.

Es gibt einige Initiativen, denen man sich anschließen kann, um den so notwendigen Wandel zu unterstützen. Eine solche Initiative und Bewegung ist z. B. «Erde in Balance e.V.». Sie wurde im Mai 2017 gegründet: www.erde-in-balance.de.

Wir sollten immer daran denken, dass die Erde, wie wir Menschen auch, ein fühlendes Wesen ist. Sie leidet, wenn auf ihrem Körper Kriege geführt werden und die Menschen voller Egoismus, Negativität und Hass sind. Sie ist glücklich, wenn sich ihr Menschen in Liebe und Fürsorge widmen. Und so wie Liebe und Fürsorge auch dem Menschen Heilung bringen, so bringen sie es auch der Erde.

Was können wir tun, um zu einem natürlichen Leben zurückzukehren? Zunächst einmal wird es, wie bereits angedeutet, von großer Wichtigkeit sein, Lebensräume zu erschaffen, in denen sich die Natur von ihrer künstlichen Behandlungsweise erholen und in ihre ursprünglichen natürlichen Kreisläufe zurückkehren kann. Wir können einen großen Beitrag zur Veränderung leisten, wenn wir z. B. unsere Gärten oder Balkone für Selbstversorgung nutzen und sie so umgestalten, dass sich die Kreisläufe der Natur dort auf natürliche Weise entfalten können. Dafür sollten wir ausschließlich Methoden verwenden, die im Einklang mit der Natur sind, wie z. B. «Permakultur» (permanent agriculture) oder biologisch dynamische Landwirtschaft. Vor allem ist es wichtig kompromisslos darauf zu achten, kein gentechnisch verändertes Saatgut und keine konventionellen Düngemittel zu verwenden.

Mittlerweile existieren großartige Ideen in Bezug darauf, wie ungenutzte Flächen in Großstädten ökologisch bewirtschaftet werden können. Es gibt z. B. Projekte, bei denen auf brachliegenden Flächen Hochbeete angelegt werden, die gleichzeitig als Begegnungsstätten für Menschen verschiedener Altersgruppen und Kulturen dienen.

Eine tolle Idee ist auch, sich mit Bewohnern seiner Wohnstraße zusammenzuschließen und gemeinsam zu überlegen, wie man die Wohnstraße ökologisch umgestaltet, so dass ein Teil der Nahrung selbstversorgend produziert werden kann. Die Organisation könnte z. B vorsehen, dass jeder Garten, je nach Platz und Sonneneinstrahlung, bestimmte Pflanzen- und Gemüsesorten anbaut, die später mit der Nachbarschaft geteilt werden. Falls es asphaltierte Flächen gibt, könnten auf diesen Hochbeete angebaut werden. Interessant wäre es auch, Bienenvölker zu beherbergen, die die Wohnstraßen ganzjährig mit Honig beliefern oder gar Hühner und Kühe, die die Bewohner einer Straße mit Eiern und Milch versorgen.

Es sind die vielen kleinen Projekte, die, wenn sie an vielen Orten entstehen, insgesamt wundervolle Früchte tragen können.

In diesem Zusammenhang sollten wir auch versuchen, Nahrungsmittel von denjenigen Unternehmen zu meiden, die keine soziale und ökologische Verantwortung bei der

Produktion übernehmen. Es ist wichtig, sich diesbzgl. zu informieren und dann eine Wahl zu treffen. Einige Großunternehmen streben heute die Patentierung von Saatgut an und wollen den Kleingärtnern Strafen auferlegen, falls ihr Saatgut in deren Gärten nachweisbar wäre. Zudem sichern sie sich Plätze in der Politik, um das politische Geschehen zu ihren Gunsten zu beeinflussen. Das, was die Erde schenkt d. h. Wasser, Land, Saatgut, Luft gehört allen Menschen gleichermaßen, die auf dieser Erde leben und muss gerecht verteilt werden.

Die Auswahl der folgenden Links und Empfehlungen sollen den Leser inspirieren, sich mit der Permakultur intensiver zu befassen und seinen eigenen Weg zu finden:

- **Permakultur - So legt man ein Gemüsebeet an. Ganz einfach und ohne Kosten!**
  https://www.youtube.com/watch?v=mc_SRcfFFew
- **Rodnoje – Familienlandsitze in Russland & Das Leben dort – Doku**
  https://www.youtube.com/watch?v=rU9DyBr4BX0
- **Revolution der Permakultur – Miracle Farms, Quebec Kanada** https://www.youtube.com/watch?v=GsJgR0ro6oc
- **Rob Hopkins | Building Resilient Communities 2013**
  https://www.youtube.com/watch?v=1Y0lfcmzhVY
- **Rob Hopkins - Transition Towns**
  https://www.youtube.com/watch?v=Le4u3zQ0Jo8

Vegetarismus/Veganismus

Wenn wir wieder in Einklang mit der Natur kommen wollen, ist es unumgänglich, dass wir zu Vegetariern oder Veganern werden. Der hohe Fleisch- und Milchkonsum der Menschen trägt zu den Ungleichgewichten auf der Erde auf dramatische Weise bei.

Jeden Tag werden Millionen von Tiere geschlachtet, die zuvor ein grausames Dasein fristen mussten, nur um dem Wohlstand und der unstillbaren Gier des Menschen zu dienen. In der konventionellen Tierhaltung sind die Tiere auf engstem Raum in Ställen eingepfercht und ihr Alltag ist von rauer Gewalt und Lieblosigkeit geprägt.

Laut des Fleischatlas wurden 2014 750.000.000 Tiere in Deutschland geschlachtet, weltweit ca. 150.000.000.000. Tendenz steigend. Für 1 kg Rindfleisch werden 15.000 Liter Trinkwasser benötigt. 70 Prozent des Getreides weltweit wird als Tierfutter angebaut. Gleichzeitig kommt es aufgrund der hohen Fleischnachfrage zu Überdüngungen der Felder und den Einsatz von schädlichen Pestiziden, wie z.B. Glyphosat.

Des Weiteren wurden laut Bericht (Global Forest Resources Assessment, FRA 2010) der Ernährungs- und Landwirtschaftsorganisation der Vereinten Nationen (FAO) in den Jahren 1990 – 2000 jährlich 160.000 km² Regenwald abgeholzt. In den Jahren 2000 – 2010 waren es jährlich 130.000 km². 70 Prozent der Flächen wurden verwendet, um Weideland für Tiere und Ackerflächen für Soja, das als Tierfutter dient, zu schaffen. Zum Vergleich: Deutschland hat eine Fläche von insgesamt 357.000 km². Mittlerweile sinkt die Abholzungsrate. Doch welcher Schaden ist der Erde dadurch schon entstanden? Wenn man die Zahlen betrachtet, kann man nur kopfschüttelnd feststellen: Was für ein Irrsinn! Was für ein Verbrechen an der Natur! Was für eine tiefe Nichtachtung und Ignoranz gegenüber der Schöpfung!

Viele Menschen ignorieren die gesundheitlichen Gefahren, die der Fleisch- und Milchkonsum aus konventioneller Tierhaltung mit sich bringt. Sie beachten nicht, dass sie alles in sich aufnehmen, was dem Tier zugefügt wurde. Und das ist eine ganze Menge. Zunächst einmal werden die Tiere mit gentechnisch veränderten Sojapflanzen gefüttert. Es werden ihnen Wachstumshormone gespritzt, damit sie schneller und üppiger wachsen. Die Tiere erhalten teilweise prophylaktisch hohe Dosen an Antibiotika, da die Massentierhaltung ein Herd für viele Erreger ist. Bei der Schlachtung schütten die Tiere das Stresshormon Adrenalin aus. Niemand weiß, ob das Stück Fleisch, das vor ihm liegt, von einem Tier mit kurzem oder langem Todeskampf stammt, und kann somit nicht den tatsächlichen Gehalt an Adrenalin im Fleisch bestimmen.

Wird das Fleisch nach der Schlachtung weiterverarbeitet, wird es mit Nitraten und Pökelsalzen konserviert, um den Verwesungsprozess zu verlangsamen. Zudem werden Farbstoffe beigemengt um das Fleisch frisch aussehen zu lassen. Nach all diesen Verarbeitungsprozessen landet das

Stück Fleisch dann auf unserem Teller. Eigentlich ist es nichts weiter mehr als ein Stück Gift, das uns vergiftet. Es ist mittlerweile wissenschaftlich nachgewiesen, dass der Fleischkonsum Mitauslöser von vielen Zivilisationskrankheiten ist wie z. B. Herzkreislauferkrankungen und Krebs. Fleisch macht zudem das Blut alkalisch und belastet den Säure-Basenhaushalt des Körpers.

Aus yogischer Sicht blickt man noch weiter. Neben den ethischen Aspekten des Fleischkonsums, die meiner Ansicht nicht mehr vertretbar sind, wird zudem die energetische Auswirkung von Fleischkonsum mit einbezogen. Fleisch ist laut yogischer Ernährung tamasig, d. h. es legt die feinstofflichen Energien lahm und fördert eine Geisteshaltung, die von Negativität, Trägheit und Depressivität gekennzeichnet ist. Zudem nähren wir aus energetischer Sicht die im Menschen innewohnende animalische Natur und damit niedrigschwingende Bewusstseinszustände. Zusammengefasst bedeutet das, dass wir durch Fleischkonsum unser energetisches System belasten und es verschmutzen. Das ist unabhängig davon, ob wir Fleisch aus konventioneller oder ökologisch-dynamischer Landwirtschaft zu uns nehmen.

Ob wir es glauben wollen oder nicht, Fleischkonsum und die Art und Weise wie das Tier gelebt hat, üben einen Einfluss auf unser körperliches, seelisches und geistiges Gleichgewicht aus. Man weiß aus der Körperpsychotherapie, dass Emotionen im Körpergewebe energetisch gespeichert werden, vor allem, wenn die Erfahrungen traumatischer Art waren. Dies gilt auch bei Tieren. D. h. je nachdem wie das Tier gelebt hat, sind seine emotionalen Lebenserfahrungen als energetische Information in seinen Körperzellen gespeichert. Über den Konsum von Fleisch nehmen wir diese Informationen in unserem Körper mit auf und belasten unser Energiesystem.

Fleischkonsum ist in unserer heutigen Wohlstandsgesellschaft völlig unnötig, um zu überleben. Es gibt mittlerweile genügend gute Alternativen. Die Welthungerkrise wäre gelöst, wenn wir größtenteils vegetarisch oder vegan leben würden und wenn wir die Ackerflächen dafür nutzen würden, um Getreide anzubauen, um Menschen zu ernähren. Denn wie kann es sein, dass eine Welt den größten Teil der Ackerflächen nutzt, um ca. 750.000.000.000 Tiere jährlich, die als Sekundärnahrung dienen, zu ernähren und mehr als eine Milliarde Menschen hungern müssen? Das ist nicht nachvollziehbar und basiert auf einem, mit Verlaub gesagt, kranken System. Der Vorteil von Getreide ist im Übrigen, dass es viel länger haltbar ist als Fleisch und dadurch über einen längeren Zeitraum auf Vorrat gelagert werden kann.

Neue Schule und Neue Bildungskonzepte

Jedes Kind hat eine angeborene Neugierde und einen natürlichen Forschertrieb, mit dem es die Welt aus sich selbst heraus entdecken will. Es hat eine natürliche Freude am Lernen und stellt unbefangen und aus sich selbst heraus Fragen an das Leben. Es sucht nach Antworten, die ihm helfen, die Welt und die es umgebenden Ereignisse zu verstehen.

Bei vielen Kindern wird diese Freude schon kurz nach Schulbeginn gedämpft, um dann im Laufe der Schulzeit ganz zu versiegen. Aus natürlicher Lernfreude und Lernlust wird Lernfrust. Wie soll sich ein Kind auch in einer Umgebung von Druck, Bewertung und Angst frei entfalten können? Es wird entweder zum angepassten Ja-Sager oder zum Rebellen.

Für nicht wenige Kinder und Familien ist die Schulzeit eine schwere Zeit und wenn man bedenkt, dass es sich um viele Lebensjahre handelt, die ein Kind in der Schule verbringt und in denen es nicht richtig glücklich ist, dann ist das erschreckend. Das Schulsystem, wie es aktuell ist, verfügt über ein großes Potenzial alle Beteiligten zu frustrieren, indem es Eltern, Lehrern und Kindern suggeriert, nicht gut genug zu sein. Das Erstaunliche ist, dass trotzdem alle mitmachen. Da es in Bezug auf Schulen derzeit nur wenige gute Alternativen gibt, heißt es für viele Eltern und Kinder: Zähne zusammenbeißen, durchhalten und die Schulzeit irgendwie überstehen. Warum kreieren wir nicht einfach Schulen, in denen sich die Kinder glücklich fühlen und Lehrer auf freudvolle Weise ihrer Berufung nachkommen können und schöne und bedeutungsvolle Jahre miteinander verbringen?

Ich habe einmal in einer Klinik ein Praktikum gemacht, wo es spezielle Therapiegruppen für Lehrkräfte gab. Einige Male durfte ich an den Gruppensitzungen teilnehmen und habe tiefere Einblicke in die Problematik des Lehrer-Daseins erhalten. Da saßen engagierte Lehrkräfte, die in den Burn-Out geraten waren, weil der Druck, den der Lehreralltag auf sie ausübt, mit den Jahren immer größer geworden war. Da existieren Curricula, die mit immer mehr Wissensinhalten vollgestopft werden und die Kinder einseitig rational füttern. Zudem sind die Klassenzimmer überfüllt und es gibt eine beträchtlich ansteigende Anzahl von Kindern, die aus instabilen Familienverhältnissen kommen und besonderer Aufmerksamkeit bedürfen. Lehrer sind Teil eines Systems geworden, in dem sie ihrer Berufung nicht mehr mit Freude folgen können, da immer mehr von ihnen abverlangt wird und für kein gesundes Gleichgewicht gesorgt ist.

In Studien konnte man nachweisen, wie wichtig die Beziehung zwischen Lehrern und Schülern für eine gute Wissensaufnahme der Kinder ist. Je intensiver und besser die Beziehung zwischen Lehrer und Schüler, desto mehr lernen die Kinder. Im aktuellen Schulsystem scheint man zu übersehen, dass es menschlich fast unmöglich ist, als einzelne Lehrkraft je nach Klassenteiler und Schulform, 28- 32 Kindern einer Klasse gleichzeitig ein Beziehungsangebot machen zu können. Es ist klar, dass in so einem System viele Kinder aber auch Lehrer untergehen. Mir ist bewusst, dass es auch Ausnahmen gibt. Aber das Bild zeichnet sich im Allgemeinen nach wie vor so ab und hat sich über Jahrzehnte kaum verändert.

Nun stellt sich die Frage, wie kann man das Schulsystem für alle Beteiligten menschlich gestalten und so verändern, dass es freie und glückliche Menschen hervorbringt? Kinder, die ihre Freude am Lernen nicht verlieren und die sich an eine glückliche Schulzeit erinnern? Kinder, die ihrem eigenen Lernrhythmus folgen dürfen? Lehrer, die ihrer Bestimmung in einem Umfeld nachkommen können, das auf ein gesundes Gleichgewicht achtet? Die Antwort ist klar: Es braucht mutige Lehrkräfte und Menschen, die bereit sind und mutig, neue Wege einzuschlagen und neue Schulen aufbauen, in denen die Ganzheitlichkeit aller Beteiligten erfasst und gefördert wird. Dazu gehören neben den gängigen Fächern, die ganzheitliche Förderung und Entwicklung von Körper, Geist und Seele, Spiritualität sowie Gemeinschaftsbildung und Kreativitätsförderung. Zudem sollte eine Schule um die höheren geistigen Fähigkeiten eines Menschen wissen und diese fördern.

Ein interessantes Schulkonzept wurde in Tekos, Russland, von dem russischen Musiklehrer Michail Petrowitch Schetinin aufgebaut. Die Schule wurde 1998 von der UNESCO als die beste Schule der Welt ausgezeichnet. Die Kinder bestimmen das Tempo, mit dem sie Themen bearbeiten, selbst und helfen sich in ihren Lernprozessen gegenseitig. So werden Konkurrenzsituationen verhindert. Sind die Kinder an einem Thema besonders interessiert, können sie in einem Fach das Wissen von elf Schulklassen teilweise innerhalb eines Jahres durchlaufen und dann sogar die Universität in diesem Fach besuchen. Jedes Kind wird von einem Mentor bzw. einer Lerngruppe begleitet, die aus Schülern besteht, die dem Wissenstand des Kindes entsprechen. Unter den Begriffen «LAIS» und «natürliches Lernen» lässt sich im Internet einiges zum Thema finden, z.b. unter dem folgenden Link:

- **Eine leuchtende Botschaft. Tekos - eine Schule der Zukunft**
  https://www.youtube.com/watch?v=xLnz_kJXd98

Ein erstaunliches Schulkonzept ist auch das der demokratischen Schule. Nach diesem Konzept können Kinder ihre Lernprozesse im Einklang mit ihren Lernrhythmen frei und selbstbestimmt gestalten. Ein wundervoller Film zu diesem Thema heißt «Schools of trust».

Vielleicht fühlst Du Dich berufen und inspiriert, Dich im Bereich neuer Schulformen zu engagieren und neue Schulen mitaufzubauen.

INTEGRATIVES MEDIZINSYSTEM

Eine Tragik, die sich im Medizinsystem aktuell abspielt, ist, dass der schulmedizinische Sektor zu einem korrupten System degeneriert zu sein scheint, das von den Machenschaften der Pharmaindustrie dominiert wird. In diesem Zusammenhang werden mittlerweile nachweislich Ärzte und Apotheken bestochen, Studien verfälscht, Richtwerte willkürlich verändert, um höhere Absätze für bestimmte medizinische Produkte zu erzielen.

Es finden zudem Bemühungen statt die Naturheilkunde zu verdrängen und andere Heilberufe abzuschaffen, um den Arzneimarkt vollständig zu kontrollieren. Man erhält den Eindruck, dass es dem aktuellen Medizinsystem in erster Linie um Profite und nicht um die Heilung der Menschen geht und dass für Profite sogar über Leichen gegangen wird.

Des weiterein ist das aktuelle Medizinsystem von vielen weiteren Ungleichgewichten gekennzeichnet. Die Personalsituation in vielen Krankenhäusern und Pflegeeinrichtungen ist z. B. durch chronische Unterbesetzung teilweise schon seit Jahrzehnten katastrophal. Die dadurch entstehenden Ungleichgewichte müssen Ärzte und Krankenschwestern durch eine immer stärker werdende Arbeitsbelastung und Arbeitstaktung ausgleichen. Viele Menschen aus Gesundheitsberufen erleiden dadurch immer häufiger Burn Outs. Fast jeder kennt die Situation von gestressten Ärzten und Pflegekräften, die keine Zeit haben, sich wirklich dem Patienten zuzuwenden. So entsteht in vielen Krankenhäusern der Eindruck einer unpersönlichen und disharmonischen Atmosphäre, die dem Gesundungsprozess vieler Patienten, aber auch der Gesundheit der Ärzte und des Pflegepersonals, entgegenstrebt. Es stellt sich die Frage: Wie soll ein Medizinsystem, das in sich nicht gesund ist, kranke Menschen heilen?

Auch die Ernährung der Patienten im Krankenhaus ist aus ayurvedisch-yogischer Sicht für den Heilungsprozess mehr als katastrophal. Wie kann es z. B. sein, dass aus Kostengründen, geschwächten Menschen im Krankenhaus industriell gefertigte rajasige und tamasige Mahlzeiten vorgesetzt werden, die den Körper zusätzlich belasten und seine Heilungsprozesse stören? Gerade in seiner geschwächten Situation bräuchte der Patient frisch zubereitete Nahrung, die ihm Lebensenergie schenkt und seinen Heilungsprozess unterstützt. Ich bin überzeugt, dass, wenn Offenheit in Bezug auf dieses Thema bestünde, es Wege und Konzepte geben kann, die ermöglichen, dies auch in regulären Krankenhäusern umzusetzen.

Es scheint mir, dass es wichtiger denn je ist, dass der Patient mündig bleibt und die Eigenverantwortung für seinen Gesundungsprozess nicht an der Arzttür oder im Krankenhaus abgibt. Der Patient sollte wach bleiben, seinen Gesundungsprozess aktiv mitgestalten, indem er sich über Alternativen informiert und sich Ärzte sucht, die ihn im Einklang mit seinen Bedürfnissen und Wünschen behandeln. Es braucht dafür auf beiden Seiten eine gesunde Mischung aus Herz und Verstand. Entscheidend ist für diesen Prozess auch, dass wir wieder lernen, auf die intuitive Stimme zu hören und ihr zu vertrauen. Auf diese Weise kann sie uns in unseren Heilungsprozessen zu den richtigen Helfern und Hilfen führen.

Im medizinischen Sektor ist auf allen Ebenen ein großes Umdenken notwendig. Auch im Menschenbild. Im konventionellen Medizinsystem herrscht noch immer vorwiegend das Weltbild vor, dass der Mensch ein mechanisches und materielles Wesen sei. Dies ist auch das Leitbild, wenn es darum geht, Behandlungsmethoden und Medikamente für verschiedene Krankheitsbilder zu entwickeln. Pharmazeutische Medikamente wirken größtenteils auf die Chemie des Menschen ein, ohne den Menschen in seiner psychischen und spirituellen Dimension ganzheitlich zu erfassen. Immer mehr Menschen wenden sich aus diesem Grund alternativen Heilmethoden zu. Denn sie finden im klassischen Medizinsystem oft nicht die Art von Hilfe und Behandlung, die sie sich wünschen.

Aus Sicht der Menschlichkeit, ist es unumgänglich, dass sich das Medizinsystem auf eine Art und Weise verändert, dass es vollständig wohlwollend im Sinne des Patienten arbeitet und dass eine Kooperation und Synthese zwischen konventionellen und alternativen Heilberufen geschaffen wird. Denn nur dann ist sichergestellt, dass der Patient in seiner Ganzheitlichkeit gesehen wird und dass ihm ein Angebot der besten Behandlungsmethoden zur Verfügung gestellt wird, aus denen er dann im Einklang mit sich und seinen Überzeugungen eigenverantwortlich seinen Heilungsweg wählen kann.

Statt eine konkurrierende sollte eine kooperierende Atmosphäre zwischen den behandelnden Ärzten, Therapeuten und anderen Heilberufen bestehen. Darin liegt meines Erachtens, das größte Potenzial. Das konventionelle Medizinsystem ragt z. B. im Bereich der Chirurgie und der Notfallmedizin heraus. Alternative Medizinsysteme, die den Menschen über seine materiellen Aspekte hinaus ganzheitlich betrachten, sind z. B. die ayurvedische Medizin oder die TCM.

Leider haben noch immer viele Ärzte eine ignorante und manchmal leider auch überhebliche Haltung gegenüber alternativen Heilberufen. Man erhält manchmal den Eindruck, dass sie sich zu allwissenden Hoheiten ernannt haben, die festlegen, was richtig und falsch ist. Dabei übersehen sie großzügig die Schatten ihrer eigenen Disziplin.

Eine Synthese der verschiedenen medizinischen Richtungen bedeutet Begegnung auf Augenhöhe, das Wissen bzw. Nichtwissen der jeweiligen Berufsgruppen anzuerkennen und sich in einem Entwicklungsprozess gegenseitig zu befruchten und gemeinsam zu wachsen. Dann kann das behandelnde Team im Sinne des Patienten gute Entscheidungen treffen. Auf diese Weise wird erstaunlicherweise schon seit vielen Jahren in Bhutan praktiziert. Dort kommen Ärzte und traditionelle Heiler regelmäßig zu Teamsitzungen zusammen und überlegen gemeinsam, wie sie dem Patienten in seinem Gesundungsprozess am besten zur Seite stehen können. Sie beraten sich und übergeben Fälle, wenn die eigene Behandlungsmethode an Grenzen stößt und beim Patienten nicht anschlägt.

NACHSORGE FÜR VERSTORBENE

Ich möchte an dieser Stelle noch einem Bereich Aufmerksamkeit schenken, der von den meisten Menschen nicht in betrachtet wird und meines Erachtens, zum festen Bestandteil der Sterbebegleitung gehören sollte: die Nachsorge und Begleitung von bereits verstorbenen Menschen.

Das Leben geht nach dem Tod weiter. Dies beweisen unter anderem Nahtodberichte unzähliger Menschen. In vielen spirituellen Traditionen ist es selbstverständlich, dass Menschen nach ihrem Übergang auch in den jenseitigen Welten auf ihrer Reise unterstützt werden. Tibetische Mönche begleiten einen verstorbenen Menschen z. B. mehrere Wochen nach seinem Übergang durch Gebete und Mantren. Diese helfen dem Verstorbenen, sich in der spirituellen Welt zurechtzufinden und die dort lauernden Gefahren zu meistern.

Spirituelle Traditionen sagen, dass vor allem Menschen, die zu Lebzeiten keinen spirituellen Weg gegangen sind, im Übergangsprozess Hilfe brauchen, da die Gefahr größer ist, dass sie auf bestimmten Ebenen der jenseitigen Welt hängenbleiben. Ich will dieses Thema an dieser Stelle nicht vertiefen. Es gibt einiges an Literatur darüber. Ich möchte aber auf die Wichtigkeit dieses Themas aufmerksam machen. Denn derzeit hängen unzählige Seelen in den Zwischenwelten fest und brauchen Hilfe von feinfühligen und einfühlsamen Menschen, die für diese Arbeit in ihrem Seelenplan eine Entsprechung, Aufgabe und Fähigkeit haben.

6. Kapitel
Schlusswort

Wir stehen als EINE Menschheit vor einem Scheideweg und sind aufgerufen, gemeinsam einen Wandel zu gestalten und ihn zu vollziehen. Die Veränderung der Situation auf der Erde muss «JETZT» geschehen. Wir können nicht länger warten. Denn der dreitägige Reinigungsprozess wird als notwendiger Schritt zur Heilung der Erde kommen und wir werden alle davon betroffen sein. Ob er heute oder morgen kommt, spielt insofern eine Rolle, als dass wir heute Einfluss nehmen können und die Situation zu unseren Gunsten verändern können. Das Gelegenheitsfenster dafür ist «JETZT» geöffnet.

Lassen wir die uns gegebene Chance vorüberziehen, werden die Konsequenzen für uns, individuell als auch kollektiv, mit größeren Herausforderungen verbunden sein. Ich kann die Ernsthaftigkeit und Dringlichkeit der aktuellen Situation nicht deutlich genug machen und empfehle jedem, diese Warnung ernst zu nehmen.

Wir sind in der jetzigen Zeit aufgefordert, lähmende Ängste zu überwinden und mit Mut und Kreativität an konstruktiven Lösungen zu arbeiten. Es ist wichtig, der

Rettung der Erde die höchste Priorität zu geben. Denn retten wir die Erde, retten wir uns selbst.

Wenn viele Menschen an vielen Orten der Welt dies zu ihrer Priorität erklären, können wir innerhalb kurzer Zeit eine große Veränderung bewirken.

Entscheide Dich, ein Bürger der neuen Zeit zu werden! Sage entschlossen «Nein» zu Egoismus und Negativität und «Ja» zur Liebe, zur Erde, zur Seele, zu Gott und zum Frieden. Überlege Dir, wie Du den Wandel aktiv mitgestalten kannst und setzte Deine Ideen um. Jeder Mensch zählt und wird gebraucht!

Trotz aller Herausforderungen gilt es, sich immer wieder bewusst zu machen, dass wir in einer unglaublich gnadenvollen Zeit leben. Wir können innerhalb kurzer Zeit Entwicklungsprozesse durchlaufen, die zu anderen Zeiten mehrerer Leben bedürfen.

Lass diese kostbare Zeit nicht vorüberstreichen! Fokussiere Dich besonders in der aktuellen Zeit auf Deine innere Entwicklung und nutze jeden wertvollen Tag!

In all diesen Prozessen haben wir aus göttlicher Sicht, alle Unterstützung die wir brauchen, damit ein sanfter Übergang möglich wird. Um uns helfen zu können, braucht die lichtvolle geistige Welt aber unser Vertrauen und unsere Bereitschaft ihrem Wissen und ihrer Weisheit zu vertrauen und mit ihr zu kooperieren.

Wir sind aufgefordert, unseren menschlichen Hochmut in Demut zu verwandeln und anzuerkennen, dass wir

Menschen viele Probleme der aktuellen Zeit nicht mehr alleine lösen können.

Lasst und dieses Angebot dankbar annehmen!

«Möge dieses Buch Dich inspirieren,
Teil der Veränderung zu sein!»

Literaturverzeichnis

Bücher

- **Berndt, Stefan** (2015). Alois Irlmaier. Ein Mann sagt, was er sieht. Der Seher - Die Prophezeiungen - Neuste Recherchen. Regensburg: Reichel Verlag, 4. Auflage.
- **Caddy, Renata** (2013). Segen von Babaji. Begegnung mit dem Meister vom Himalaya. Darmstadt: Tschirner Verlag, 1. Auflage.
- **Megre, Wladmir** (2013). Anastasia. Tochter der Taiga. Jestetten: Govinda-Verlag, 9. Auflage.
- **Reichel, Gertraud** (1996). Babaji spricht: Prophezeiungen und Lehren. Regensburg: Reichel Verlag, 3. Auflage.
- **Stern, Rose** (2015). Der Prophet des Neuen Äons. Nostradamus. Die göttliche Weissagung Jetzt!. Flörsbachtal: Klecks-Verlag, 1. Auflage.
- **Walsch, Neale Donald** (2006). Gespräche mit Gott. Ein ungewöhnlicher Dialog Bd. 1. München: Goldman Verlag, 4. Auflage.

Online-Zeitungsartikel

- **Ehrenstein, Claudia** (2014). «Deutsche schlachten pro Jahr 750 Millionen Tiere», in: Die Welt, 01/ 2014 [Online Zeitungsartikel], unter: http://www.welt.de/politik/deutschland/article123700

329/Deutsche-schlachten-pro-Jahr-750-Millionen-Tiere.html, veröffentlicht am 09.01.2014, [Zuletzt abgerufen am 06.08.2016, 22:43].
- **Focus Online** (Autor o. A.) (2012). «15.000 Liter Wasser für ein Kilo Rindfleisch», in: Focus Online 03/ 2012 [Online Zeitungsartikel], unter: http://www.focus.de/wissen/mensch/umwelt-weltwassertag-wassersparen-bei-nahrungsproduktion_aid_726582.html, veröffentlicht am 22.03.2012, [Zuletzt abgerufen am 06.08.2016, 16:21].
- **Göring, Olaf** (1995), «Die Erde verliert ihren kosmischen Schutzmantel», in: Die Welt, 12/1995 [Online Zeitungsartikel], unter: http://www.welt.de/print-welt/article665243/Die-Erde-verliert-ihren-kosmischen-Schutzmantel.html, veröffentlicht am: 29.12.1995, [Zuletzt abgerufen am 13.01.2016, 17:22].
- **Merkel, Wolfgang W.** (2010). «Was passiert, wenn das Erdmagnetfeld kollabiert?», in: Die Welt, 08/ 2010 [Online Zeitungsartikel], unter: http://www.welt.de/wissenschaft/article9090079/Was-passiert-wenn-das-Erdmagnetfeld-kollabiert.html, veröffentlicht am 19.08.2010, [Zuletzt abgerufen am 25.01.2016, 15:13].
- **Rotter, David** (2013). «Die Tekos Schule: 11 Jahre Schule in einem Jahr», in: SEIN, 01/2013 [Online Zeitungsartikel], unter: https://www.sein.de/die-tekos-schule-11-

jahre-schule-in-einem-jahr/, veröffentlicht am: 29.01.2013, [Zuletzt abgerufen am 18.07.2016, 17:58].
- **Spiegel Online** (Autor o.A.) (2006). «Alte Logbücher: Erdmagnetfeld schwächelt erst seit kurzem», in: Spiegel Online 05/2006 [Online Zeitungsartikel], unter: http://www.spiegel.de/wissenschaft/natur/alte-logbücher-erdmagnetfeld-schwächelt-erst-seit-kurzem-a-415757.html, veröffentlicht am 12.05.2006, [Zuletzt abgerufen am 13.01.2016, 17:02].

Weitere Internetquellen/Homepagetexte

- **Christlicher Internet Dienst GmbH** (1996): Luther 1912. Jesaja Kapitel 24, 1-20. Verfügbar unter: http://www.bibel.online.net/buch/luther_1912/jesaja/24/#1. [online], [Zuletzt abgerufen am 28.03.2016].
- **Christlicher Internet Dienst GmbH** (1996): Luther 1912. Matthäus Kapitel 24, 1-51. Verfügbar unter: http://www.bibel-online.net/buch/luther_1912/matthaeus/24/#1. [online], [Zuletzt abgerufen 28.03.2016].
- **Christlicher Internet Dienst GmbH** (1996): Luther 1912. Lukas 21, 25-35. Verfügbar unter: http://www.bibel-online.net/buch/luther_1912/lukas/21/#1. [online], [Zuletzt abgerufen am 28.03.2016].
- **Christlicher Internet Dienst GmbH** (1996): Luther 1912. 2 Timotheus 3. Verfügbar unter:

http://www.bibel-online.net/buch/luther_1912/lukas/21/#1. [online], [Zuletzt abgerufen am 28.03.2016].
- **Fleischatlas** (2014): Daten und Fakten über Tiere als Nahrungsmittel. Verfügbar unter: https://www.bund.net/fileadmin/bundnet/publikationen/landwirtschaft/140108_bund_landwirtschaft_fleischatlas_2014.pdf, [online], [Zuletzt abgerufen am 07.08.2016].
- **Food and agriculture organization of the United Nation** (2010): Global Forrest Resources Assessment. Mainreport, No. 163. Verfügbar unter: http://www.fao.org/docrep/013/i1757e/i1757e.pdf, [online], [Zuletzt abgerufen am 06.08.2016].
- **Gutemann, Gerd** (2016): Prophezeiungen der Hopi-Indianer. Verfügbar unter: http://www.j-lorber.de/proph/seher/hopis.htm (Bearbeitungsstand: 16.01.2016) [online], [Zuletzt abgerufen am 18.12.2015].
- **Pro Regenwald** (o. A.): Fleisch ist ein Stück Lebenskraft. Verfügbar unter: https://www.pro-regenwald.de/hg_fleisch, [online], [Zuletzt abgerufen am 06.08.2016].

Filme

- **AnotherPeakDoku** (2013). Bhutan: Paradies der Heilpflanzen (arte, 2005) [youtube-Video], veröffentlicht

am 21.03.2013. Verfügbar unter: https://www.youtube.com/watch?v=p9Lxm-kkcWo, [online], [Zuletzt abgerufen am 15.07.2016].
- **Baldus Hain** (2014). Klassische Europäische Prophetie am Beispiel Alois Irlmaiers Alpenparlament [youtube-Video], veröffentlicht am 08.02.2014. Verfügbar unter: https://www.youtube.com/watch?v=SqRrxPgfZRQ, [online], [Zuletzt abgerufen am 05.12.2015].
- **B-N-D.net** (2011). Magnetischer Wechsel: Die Pole spielen verrückt – Der Polsprung schulwissenschaftlich erklärt [youtube-Video], veröffentlicht am 30.09.2011. Verfügbar unter: https://www.youtube.com/watch?v=ToI58BKxg7Y, [online], [Zuletzt abgerufen am 29.12.2015].
- **Berndt Klank** (2013). Dreitägige Dunkelheit [youtube-Video], veröffentlicht am 16.07.2013. Verfügbar unter: https://www.youtube.com/watch?v=G1QqVED390k, [online], [Zuletzt abgerufen am 23.11.2015].
- **Consciousness2mind** (2014). Richard Kandlin (17) – Natürliches lernen an der Schetinin Schule (LAIS-Schule) [youtube-Video], veröffentlicht am 22.07.2014. Verfügbar unter: https://www.youtube.com/watch?v=q-mVMaIYg4k, [online], [Zuletzt abgerufen am 15.07.2016].
- **Cordis ANIMA** (2015). 3 Tage Finsternis • 3 Days of Darkness! [youtube-Video], veröffentlicht am 19.03.2015. Verfügbar unter:

https://www.youtube.com/watch?v=Xgw7d2gaLFg, [online], [Zuletzt abgerufen am 20.01.2016].
- **dazzafact** (2014). Die Prophezeiungen der Bibel – Was kommt auf die Menschheit zu? [youtube-Video], veröffentlicht am 15.01.2014. Verfügbar unter: https://www.youtube.com/watch?v=3xFUdtaYVu4, [online], [Zuletzt abgerufen am 28.12.2015].
- **Discover Ministries** (2016). 15 Year-Old Secular Jewish Boy Nathan's Vision of WWIII on Blood Moon: Gog Magog Future of Israel [youtube-Video], veröffentlicht am 08.01.2016. Verfügbar unter: https://www.youtube.com/watch?v=RZd53ynuyrg, [online], [Zuletzt abgerufen am 05.03.2016].
- **Goger 1978** (2011). Neuzeit Prophet german Deutsch Edgar Cayce [youtube-Video], veröffentlicht am 23.10.2011. Verfügbar unter: https://www.youtube.com/watch?v=I77Z1G2xnbM, [online], [Zuletzt abgerufen am 07.01.2016].
- **HERNANDERSON** (2008). Don Alejandro - Mayan message to the world -OFFICIAL VIDEO [youtube-Video], veröffentlicht am 15.11.2008. Verfügbar unter: https://www.youtube.com/watch?v=Dw0HXgt6dcM, [online], [Zuletzt abgerufen am 15.12.2015].
- **Human the movie** (2015). HUMAN Extended version VOL.1, Regisseur Yann Arthus-Bertrand [youtube-Video], veröffentlicht am 11.09.2015. Verfügbar unter: https://www.youtube.com/watch?v=vdb4XGVTHkE, [online], [Zuletzt abgerufen am 14.12.2015].

- **L.O.V.E Production** (2015). Schöpfung – Wie die Anastasía-Bücher die Welt verändern! [youtube-Video], veröffentlicht am 03.05.2015. Verfügbar unter: https://www.youtube.com/watch?v=KTsYT0bP9qg, [online], [Zuletzt abgerufen am 06.07.2016].
- **Mariensohn** (2012). Prophezeiungen und Warnungen [youtube-Video], veröffentlicht am 03.07.2012. Verfügbar unter: https://www.youtube.com/watch?v=eHuBF8OHAHQ, [online], [Zuletzt abgerufen am 15.01.2016].
- **Mariensohn** (2009). 1A wie alles begann (Vortrag von Vassula Ryden) [youtube-Video], veröffentlicht am 05.05.2009. Verfügbar unter: https://www.youtube.com/watch?v=uRBjNQs7HgE&list=PL007E1B3C4B508394&index=1, [online], [Zuletzt abgerufen am 15.01.2016].
- **Mariensohn** (2009). 3 C vertraut sein mit Jesus (Vortrag von Vassula Ryden) [youtube-Video], veröffentlicht am 05.05.2009. Verfügbar unter: https://www.youtube.com/watch?v=uRBjNQs7HgE&list=PL007E1B3C4B508394&index=1, [online], [Zuletzt abgerufen am 15.01.2016].
- **MrChannel** (2014). Garten statt Supermarkt – Selbstversorgung aus dem Garten [youtube-Video], veröffentlicht am 01.08.2013. Verfügbar unter: https://www.youtube.com/watch?v=8ek-id-Du6M, [online], [Zuletzt abgerufen am 06.07.2016].

- **Naturnetzwerk net** (2014). Rodnoje – Familienlandsitze in Russland & Das Leben dort – Doku [youtube-Video], veröffentlicht am 20.08.2014. Verfügbar unter: https://www.youtube.com/watch?v=rU9DyBr4BX0, [online], [Zuletzt abgerufen am 06.07.2016].
- **OrlaFl** (2012). Eine leuchtende Botschaft. Tekos – eine Schule der Zukunft [youtube-Video], veröffentlicht am 13.06.2012. Verfügbar unter: https://www.youtube.com/watch?v=xLnz_kJXd98, [online], [Zuletzt abgerufen am 15.07.2016].
- **Over Do Za MoZa 1444** (2015). Beste Doku! – New World Order – Bewußtsein auf höherer Ebene [youtube-Video], veröffentlicht am 16.07.2013. Verfügbar unter: https://www.youtube.com/watch?v=605In7UZ6_Q&feature=youtube, [online], [Zuletzt abgerufen am 06.07.2016].
- **Pablo Arellano** (2012). Drunvalo Melchizedek – The Pole Shift 2012 – by Pablo Arellano [youtube-Video], veröffentlicht am 14.12.2012. Verfügbar unter: https://www.youtube.com/watch?v=BiDXGTq-xs0, [online], [Zuletzt abgerufen am 20.02.2016].
- **Pan AfricanMarkets** (2012). Red Crow: Native American Prophecy [youtube-Video], veröffentlicht am 01.10.2012. Verfügbar unter: https://www.youtube.com/watch?v=XLLVz0d3gao, [online], [Zuletzt abgerufen am 15.12.2015].

- **Rawfuture** (2015). Permakultur – So legt man ein Gemüsebeet an. Ganz einfach und ohne Kosten! [youtube-Video], veröffentlicht am 31.03.2015. Verfügbar unter: https://www.youtube.com/watch?v=mc_SRcfFFew, [online], [Zuletzt abgerufen am 06.07.2016].
- **Roth Sid** (2015). It´s Supernatural! Guest Rick Renner [Video], veröffentlicht am 09.03.2015. Verfügbar unter: http://sidroth.org/television/tv-archives/rick-renner, [online], [Zuletzt abgerufen am 01.04.2016].
- **Satsang-ful** (2015). PROPHEZEIUNGEN – Dr. Michael Vogt u Nicki Vogt – Vorhersagen des Alois Irlmaier (8.3.2013 Sendung, Thema: Prophezeiungen und Vorhersagen als Warnung? Alois Irlmaier, vorgestellt durch Prof. Dr. Michael Vogt und Niki Vogt zu Gast bei Norbert Brakenhagen. TimeToDo.ch.) [youtube-Video], veröffentlicht am 10.03.2013. Verfügbar unter: https://www.youtube.com/watch?v=wflwy47nGWc, [online], [Zuletzt abgerufen am 23.11.2015].
- **Schatzliste** (2015). Revolution der Permakultur – Miracle Farms, Quebec Kanada | deutsch [youtube-Video], veröffentlicht am 30.06.2015. Verfügbar unter: https://www.youtube.com/watch?v=GsJgR0ro6oc, [online], [Zuletzt abgerufen am 06.07.2016].
- **Scholé** – Muße für Herz und Geist (2015). Lernmethoden der Schetinin Schule von Richard Kandlin. Teil 1 Vortrag [youtube-Video], veröffentlicht am 14.03.2015. Verfügbar unter:

https://www.youtube.com/watch?v=6FIMsaacx4o, [online], [Zuletzt abgerufen am 15.07.2016].
- **Scholé** – Muße für Herz und Geist (2015). Lernmethoden der Schetinin Schule von Richard Kandlin. Teil 2 Fragen [youtube-Video], veröffentlicht am 14.03.2015. Verfügbar unter: https://www.youtube.com/watch?v=M-gif-Azo1I, [online], [Zuletzt abgerufen am 15.07.2016].
- **sontttu78** (2013). Ich war fünf Stunden tot – Andreas Berglesow AVC [youtube-Video], veröffentlicht am 29.08.2013. Verfügbar unter: https://www.youtube.com/watch?v=aQiD6ofLgrE, [online], [Zuletzt abgerufen am 01.04.2016].
- **timetodotv** (2014). TimeToDo.ch 10.02.2014, Hat Nostradamus den Polsprung vorausgesagt [youtube-Video], veröffentlicht am 11.02.2014. Verfügbar unter: https://www.youtube.com/watch?v=qz9Lb4SDRdk, [online], [Zuletzt abgerufen am 25.11.2015].
- **אש התורה** (2015). The new film of the 15-year-old boy who Experienced Clinical Death who saw the wwiii (11 minutes) [youtube-Video], veröffentlicht am 02.12.2015. Verfügbar unter: https://www.youtube.com/watch?v=fGsiANZmFb8, [online], [Zuletzt abgerufen am 05.03.2016].

Bildnachweis

Folgende Fotos und Grafiken sind ©2015 by Stephanie Bunk:
- **Bunk, Stephanie** (2014): Stephanie Bunk. Markdorf.
- **Bunk, Stephanie; Möck, N.** (2015): Die sieben positiven und negativen Existenzebenen des Universums. Stuttgart.
- **Bunk, Stephanie; Möck, N.** (2015): Die vier Zeitalter des Universums. Stuttgart.
- **Bunk, Stephanie** (2015): Energetische Situation von Mensch und Natur im Kaliyuga. Unter Verwendung eines Bildes von: https://pixabay.com/de/netz-vernetzung-vernetzt-digital-365944/ Photo ID: Geralt, Markdorf. Verändert durch Stephanie Bunk am 10.04.2016.
- **Bunk, Stephanie** (2015): Energetische Situation von Mensch und Natur im Satyayuga. Markdorf.
- **Bunk, Stephanie** (2015): Die drei Gunas. Unter Verwendung von Bildern von www.fotolia.com:
  Photo ID: 89672582, Billion Photos.com
  Photo ID: 79780142, estherpoon
  Photo ID: 4570847, Simone van Berg.

Sonstige Bilder/ fremdes Copyright:
- **Balaji Studio** (2016): Mahanandha Siddha und Sriraman. Bangalore.

- **Balaji Studio** (2016): Der Tempel in Mahadevamalai. Bangalore. Verändert durch Stephanie Bunk am 01.04.2016.
- **Berndt, Stephan** (2015). Aussagen zum dreitägigen Reinigungsprozess der Erde, in: Berndt, Stephan (2015). Alois Irlmaier. Ein Mann sagt, was er sieht. Der Seher- Die Prophezeiungen-Neuste Recherchen. Regensburg: Reichel Verlag, 4. Auflage, S. 306.
- **NCEI** (2015). Die Polwanderung. Wandering of the geomagnetic poles, [veröffentlicht am o.A.], http://www.ngdc.noaa.gov/geomag/GeomagneticPole.shtml, [Zuletzt abgerufen am 01.04.2016].

DIE ERDE IN BALANCE e.V.

WELTVERÄNDERNDE PROJEKTE

EINKLANG VON MENSCH UND NATUR

Sei Du die Veränderung!
Gemeinschaftlich. Menschlich. In Liebe. Wandeln.

Stell Dir einmal vor, viele Menschen auf der ganzen Welt schließen sich zusammen, vereint im Traum die Welt für alle Menschen und Lebewesen zu einem Ort der Menschlichkeit, Liebe, Freude, des Friedens und der Harmonie zu verwandeln. Stell Dir einmal vor Du wärst ein Teil dieser Bewegung und würdest Dir erlauben Deinen Traum für einen bessere Welt zu verwirklichen und ihn in Form von Projekten in die Welt zu bringen. Und stelle Dir vor, Du würdest dabei Teil einer wachsenden und wunderbaren Gemeinschaft sein, die sich gegenseitig inspiriert, unterstützt und mit Dir an Deinen Traum glaubt, dir hilft, ihn lebendig werden zu lassen. Tief inspiriert von dieser Vision ist im Mai 2017 Erde in Balance gegründet worden.

Menschen in allen Städten und Orten auf der ganzen Welt sind eingeladen, ihre Talente und Kreativität einzusetzen, um eine Welt im Gleichgewicht zu erschaffen. Gründe Deine Erde-in-Balance-Projektgruppe in Deiner Stadt und initiiere Projekte die Deine Region im Großen und im Kleinen transformieren. Gemeinsam macht weltverändern Spaß!

www.erde-in-balance.de

Entwickle inneren Frieden und Gleichgewicht!
Initiation in Maha Poorna Atma Yoga

«Maha Poorna Atma Yoga» heißt «Große Reinigung der Seele». Es ist eine einfache Praktik, die aus der höchsten Frequenzebene der Natur wirkt, um uns dabei zu helfen, dass Unterbewusstsein von Konditionierungen und daraus resultierenden destruktiven Reaktionsweisen und Emotionen zu reinigen. Dazu zählen u.a. Angst, Schuld, Gier, Scham, Wut, Ärger, Eifersucht, Neid. Diese Eindrücke im Unterbewusstsein werden auch «Samskaras» genannt. Sie verschleiern das lichtvolle Bewusstsein und sind einer der Hauptgründe dafür, dass wir immer wieder aus unserem Gleichgewicht fallen und unseren inneren Wachstumsprozess blockieren. Durch die Praktik von Maha Poorna Atma Yoga wird die energetische Ladung auf destruktiven Reaktionsmustern schrittweise transformiert. Dadurch können sie leichter abgebaut werden. Dem Menschen wird es auf diese Weise möglich, inneren Frieden zu entwickeln, ins Gleichgewicht zu kommen und harmonische Reaktionsweisen aufzubauen, die im Einklang mit der Seele sind.

Maha Poorna Atma Yoga erfüllt überdies hinaus noch eine weitere wichtige Funktion. Es ist nicht nur ein Reinigungsmittel für die eigene Seele, sondern auch für das Kollektiv um negative Energiefelder im Kollektivbewusstsein abzubauen.

www.seelenreinigung.org

Healing and Transforming the Energy World!

Das Unternehmen NEW ENERGY WORLD (NEW) ist von der Natur in Auftrag gegeben worden, um uns Menschen eine Möglichkeit zu geben, die Natur aus energetischer Sicht zu heilen. Dafür wurden alchemistische Rezepturen von dem Seher Agastya Rishi aus der geistigen Welt über die Palmblattbibliothek übermittelt. Sie ermöglichen, dass energetische Fehlprozesse in der Natur korrigiert werden und die Energiefrequenz auf der Erde ganzheitlich auf das Niveau des goldenen Zeitalters angehoben wird. Je weiter sich diese auf der Erde verbreiten, desto mehr wird sich das energetische Gleichgewicht der Erde stabilisieren. Ihre Wirkungen stammen aus der höchsten Frequenzebene der Natur und sind weltweit einmalig und nicht kopierbar. Die Rezepturen arbeiten 100% im Einklang mit der Natur und erzeugen keine Nebenfrequenzen (vergleichbar mit Nebenwirkungen). Damit sie sich verbreiten können, werden sie u. a. in praktische Alltagsprodukte eingearbeitet. NEW hat es sich zur Aufgabe gemacht, die energetische Wirkung, mit modernem Produktdesign und ökologischem Engagement auf einzigartige Weise zu verbinden.

www.new-energy-world.org